信息科技 ICS 教学模式研究与实践

杨海娟 ◎ 著

西南交通大学出版社
·成 都·

图书在版编目（CIP）数据

信息科技 ICS 教学模式研究与实践/杨海娟著. —
成都：西南交通大学出版社，2022.11
ISBN 978-7-5643-8965-9

Ⅰ.①信… Ⅱ.①杨… Ⅲ.①计算机课－教学模式－
教学研究－中学 Ⅳ.①G633.672

中国版本图书馆 CIP 数据核字（2022）第 195161 号

Xinxi Keji ICS Jiaoxue Moshi Yanjiu yu Shijian
信息科技 ICS 教学模式研究与实践
杨海娟　著

责 任 编 辑	居碧娟
封 面 设 计	何东琳设计工作室
出 版 发 行	西南交通大学出版社 （四川省成都市金牛区二环路北一段 111 号 　西南交通大学创新大厦 21 楼）
发行部电话	028-87600564　028-87600533
邮 政 编 码	610031
网　　　址	http://www.xnjdcbs.com
印　　　刷	成都中永印务有限责任公司
成 品 尺 寸	170 mm × 230 mm
印　　　张	14.5
字　　　数	214 千
版　　　次	2022 年 11 月第 1 版
印　　　次	2022 年 11 月第 1 次
书　　　号	ISBN 978-7-5643-8965-9
定　　　价	68.00 元

图书如有印装质量问题　本社负责退换
版权所有　盗版必究　举报电话：028-87600562

序

欣闻杨海娟老师的教育学著作《信息科技ICS教学模式研究与实践》即将付梓，能成为第一批读者深感荣幸。杨老师是广东省名教师工作室主持人、广东省信息技术学科带头人、广东省信息技术学科骨干教师，她视野前瞻、乐于创新，积极参与课程改革，曾获国家级、省级重要奖项，教学成果斐然。

书中基于ICS（ICS为independent learning, cooperation inquiry, share interchange的缩写）教学模式，对信息科技课程实施的全过程做了系统、详尽的探讨，注重将ICS理论与一线教学实践紧密结合，以翔实的案例、敏锐的观察和独特的视角，充分展现出自主学习、合作探究、分享交流的高效学习过程。作者通过一系列精心设计的教学活动和灵巧的组织实施，为读者描绘了一幅幅发生在数字化新课堂中的生动学习场景，大量的课堂场景过程速写及身心活动定格，加之以随处可见的理论分析和解释，既具阅读趣味，又启发思考，值得从事或关心信息技术/信息科技教学的所有教师认真学习参考。

我国正处在从教育大国向教育强国迈进的关键阶段，教育数字化转型与课程改革大势方兴未艾，随着高中信息技术、义务教育信息科技新课程标准的陆续颁布与实施，基础教育中信息技术/信息科技迎来历史性机遇和挑战。本著作饱含着作者孜孜不倦的学术追求和严肃认真的治学态度，凝结了她十余年一线杏坛耕耘的宝贵经验和理论探索，在此向杨老师谨致敬意，并衷心祝贺著作出版。

首都师范大学

樊磊

前 言

2022年4月，教育部颁布了《义务教育信息科技课程标准(2022年版)》，明确了信息科技课程总体目标是坚持落实立德树人的根本任务，发展学生信息素养，提高数字化胜任力。通过课程学习，学生要树立正确的信息价值观和网络伦理道德观，形成信息意识，初步具备应用信息科技解决问题的能力，发展计算思维，养成数字化合作与探究的习惯，崇尚科学精神、原创精神，增强国家信息安全意识，自觉践行信息社会责任，为成为信息社会的合格公民打下数字化基础。

英特尔公司首席执行官克瑞格·贝瑞特博士在《给学科教师的信》中说，今天百分之六十的新工作都离不开基本的计算机技能，而这一比例将越来越高。信息科技已经成了我们生活中不可缺少的东西，生活、学习、工作都离不开它。基础教育信息科技课程已经成了学生了解信息知识、走进信息世界、打开信息科技视野的重要途径。信息技术课程不同于别的课程，它是一门与时代发展密切相关、与学生需求紧密相连、理论与实践并重的课程，如何有效地开展教学才能提高学生的学科核心素养，成为众多一线教师所面临的难题。但令人遗憾的是，部分一线教师由于对信息科技教学的认识不足，将信息科技课堂变为了模仿操作课，教学模式缺乏创新，教学方式的单一，无法引起学生学习的兴趣，信息科技教学模式亟待更新。

在信息科技课堂教学中应用 ICS 教学模式，有助于贯彻全新的教育理念，以教师为主导，以学生为主体，把"教师教"变为"学生学"，拓展教学区域，提倡合作探究型学习，让每个学生都能收获学习的乐趣，既关注学生现实生活，又着眼学生的长远发展，让学生通过信息科技学习形成信息意识、计算思维、数字化学习与创新和信息社会责任四个方面的学科核心素养。

ICS 教学理念倡导教师创设情境化的教学环境，引导学生在特定的情境环境中自主学习（independent learning）、合作探究（cooperation inquiry）

和分享交流（sharing interchange），达成学习目标，养成良好的学习习惯和学习能力。ICS教学理念将某一情境贯穿课堂始终，把课堂分为三段看似独立实则相互联系的三个步骤。第一步，学生通过自主学习解决课程的基础问题，发现存在的难点；第二步，学生通过小组成员合作探究解决自主学习中出现的问题，突破课程重难点；第三步，通过分享交流展示学习成果，分享本节课的收获，评价学习效果。

  本书共分为以下几部分，第一章对信息科技课程进行概述，探讨当前信息科技课程教学中常用的教学方法，介绍ICS教学模式及其总体框架与理论依据；第二章重点阐述ICS教学模式的背景、意义和实施策略以及应用效果；第三章探讨ICS教学模式中教师的角色定位与实现路径；第四章探讨ICS教学模式下学生特征和角色分析；第五章是本书的重点，分九节详细介绍ICS教学模式指导下的教学实践案例，每个案例都包含课题分析、教学现场、教学评价和实施方略，为一线教师提供可参考的教学案例；附录部分是笔者从教学实践中提炼的教学论文，论述了教学与教研的关系，供读者参考。

  本书是广东省教育科研"十三五"规划2017年度教育科研项目"基于交互式微课的ICS教学模式应用研究——以初中信息技术为例"（课题批准号2017YQJK220）研究成果，凝聚着课题组全体成员的智慧与汗水。本书立足教学实践，探讨适合中小学的信息科技ICS教学模式，旨在为一线教师提供操作性较强的教学设计方案，更好地落实核心素养。

  本书参考、引用了国内外诸多专家、学者的文献论著，主要来源已在参考文献中列出，如有疏漏，恳请原谅。再次向文献资料、论著的作者表示诚挚的谢意。

  新一轮课程改革正在推进中，基于核心素养教育的教学模式也在不断深入，本书的出版是一次尝试，难免有不足之处，诚恳期望广大读者提出宝贵的意见和建议，以求日臻完善。在此谨致以衷心的感谢！

杨海娟
2022年6月

目 录

001	第一章	信息科技 ICS 教学模式基本理念
002	第一节	信息科技课程概述
010	第二节	ICS 教学模式概述
023	第三节	ICS 教学模式的理论依据
035	第二章	ICS 教学模式的应用
036	第一节	ICS 教学模式的背景与意义
044	第二节	ICS 教学模式的实施策略
063	第三节	ICS 教学模式的应用效果
069	第三章	ICS 教学模式中教师的角色定位与实现路径
070	第一节	ICS 教学模式对教师提出新要求
073	第二节	教师在 ICS 教学模式中的角色定位分析
079	第三节	ICS 教学模式中教师角色定位的实现路径
085	第四章	ICS 教学模式下学生特征和角色分析
086	第一节	中小学生特征分析
095	第二节	学生在 ICS 教学模式中的角色定位分析

099	第五章　ICS 教学模式课例分析
100	第一节　感知信息科技
106	第二节　计算机应用基础
117	第三节　网络应用初步
125	第四节　图文排版
137	第五节　数据处理
158	第六节　多媒体应用
172	第七节　算法与程序设计
179	第八节　物联网设计
186	第九节　人工智能初识

199	**附录**
200	附录一　ICS 教学模式应用效果研究——以初中信息技术为例
207	附录二　ICS 教学模式实践与探索——以《用 WPS 演示制作 MV》为例
213	附录三　ICS 教学模式在信息技术理论课中的实践探究——以《初识 VR》为例

219	**参考文献**

第一章

信息科技 ICS 教学模式基本理念

第一节 信息科技课程概述

课程是实现教育目的的重要途径，是实施教育教学活动最重要的依据，是集中体现和反映教育思想和教育观念的载体，居于教育的核心地位。信息科技课程集中而具体地体现了信息科技学科的育人目标，是实现教育信息化和现代化的基础，因此中小学信息科技课程具有举足轻重的地位和作用。系统地回顾和分析我国信息科技课程的发展演变历程，分析其发展的影响因素，可以为信息科技学科教学提供理论依据和政策参考，具有重要意义。

一、信息科技课程的发展历程

我国中小学信息科技课程是由早期的计算机课程发展而来的，始于 20 世纪 80 年代初。总体来看，我国中小学信息科技课程的发展里程可以分为 5 个阶段：计算机课程起步阶段（1982—1990 年）、计算机课程发展阶段（1991—1999 年）、信息技术课程启动阶段（2000—2003 年）、信息技术课程发展阶段（2003—2016 年）和核心素养培养阶段（2017 年至今）。总体呈现从文化性、技术性学科到信息素养、数字素养、核心素养综合培养的发展趋势。

（一）计算机课程起步阶段（1982—1990 年）

1982 年，5 所教育部直属重点大学附属中学首次在高中阶段以选修课方式开展了 BASIC 语言选修课，我国中学计算机课程从无到有，并开展了重点试验。1983 年，教育部主持召开了"全国中学计算机试验工作会议"。1984 年，邓小平同志提出"计算机普及要从娃娃抓起"，对计算机教育起到了巨大的推动作用。之后，在总结试验学校经验的基础上，确定了高中计算机选修课的教学大纲，规定了相应的教学内容。

根据当时的国情，计算机课还不能作为中小学基础性课程，只是作为有较大灵活性的辅助性课程。在高中作为选修课，在初中作为课外活动、兴趣小组或劳技课的学习内容。在小学开设信息技术课程的非常少，只有个别地方作为实验尝试。这一阶段的主要特点是把计算机作为学习的对象。

苏联计算机教育学家伊尔肖夫（A.P.Ershov）在 1981 年提出"程序设计是人类的第二文化"的理念。他指出："随着计算机的发展和普及，人类只有第一文化就不够了，必须掌握阅读和编写计算机程序的能力。"[1]受"文化论"影响，这一阶段的计算机课程价值主要定位在了解计算机基本原理以及培养逻辑思维能力、问题解决能力上。课程内容则主要是程序设计，且以选修课的形式开展。

（二）计算机课程发展阶段（1991—1999 年）

该阶段是计算机教育从"实验尝试"为中心转为"研究实践"为主题的阶段。1994 年 10 月颁发的《中小学计算机课程指导纲要（试行）》首次提出计算机将逐步成为中小学一门独立的知识性与技能性相结合的基础性课程。1997 年 10 月颁布的《中小学计算机课程指导纲要（修订稿）》明确了国家对中小学计算机课程教学的基本要求，是编写计算机教材和考试的主要依据。该纲要进一步明确了中小学计算机课程的地位、目的、教学内容和教学要求等。

这一阶段，许多教育家提出计算机教育应从以教程序设计语言为主转向以计算机应用为主。在"工具观"的影响下，课程目标中明确了计算机的工具性定位，强调计算机技能、学习态度、使用道德等相关内容。

（三）信息技术课程启动阶段（2000—2003 年）

2000 年 10 月，教育部颁布了《关于中小学普及信息技术教育的通知》，提出在中小学开设信息技术的具体目标是全国普通高级中学和大、中城市的初级中学都要开设信息技术必修课，从而掀开了我国中学信息技术教育发展史上的新篇章。但一开始在教学目标、教学内容和教学方法上并没有

---

[1] 王相东. 鸟瞰：中小学信息技术课程的现状与发展[J]. 中小学信息技术教育，2002（1）.

实质性的转变，仍延续了计算机教育的思想理念。逐渐地，课程的目标实现了从掌握计算机知识和技能到信息技术素养的转变；课程内容实现了从计算机教育到信息技术的转变，仅把计算机作为课程内容的一个方面。

要将计算机教育转向信息技术课程教育上来，并且要突出信息技术课程技术性的学科特点。信息技术教育应该超越单纯的计算机技术训练阶段，发展成为与信息社会人才需求相适应的信息素养教育[①]。

（四）信息技术课程发展阶段（2003—2016年）

2003年，经济比较发达地区的初级中学开设信息技术必修课；2005年，所有初级中学以及城市和经济比较发达地区的小学开设信息技术必修课，在全国90%以上的中小学校开设信息技术必修课。

《普通高中技术课程标准（实验稿）》于2003年3月31日发布，我国信息技术教育进入了一个新的发展阶段。这是我国基础教育阶段的第一个技术课程标准。2013年，教育部启动了普通高中课程修订工作。本次课程标准的修订深入总结了21世纪以来我国普通高中课程改革的宝贵经验，充分借鉴国际课程改革的优秀成果，努力将普通高中课程方案和课程标准修订成既符合我国实情又具有国际视野的纲领性教学文件，构建具有中国特色的普通高中课程体系[②]。

（五）核心素养培养阶段（2017年至今）

2017年，教育部颁布了《普通高中信息技术课程标准（2017年版）》，明确了信息技术课程性质、基本理念和课程目标，凝练了信息技术学科核心素养，更新了教学内容，研制了学业质量标准。该标准明确了普通高中信息技术课程是一门旨在全面提升学生的信息素养，帮助学生掌握信息技术基础知识与技能、增强信息意识、发展计算思维、提高数字化学习与创新能力、树立正确的信息社会价值观和责任感的基础课程。

---

① 孙名符，鲁正火. 三论从计算机教育到信息技术教育的转变——谈中小学信息技术课程要体现技术性学科特点[J]. 电化教育研究，2003（11）：2.
② 教育部. 普通高中信息技术课程标准（2017年版）[M]. 北京：人民教育出版社，2018.

2022年4月，教育部颁布了《义务教育信息科技课程标准（2022年版）》，明确了在 3~8 年级单独设置信息科技课程，并界定了各年级的课程目标，明确了课程的学习内容，全面落实课程核心素养。1~2 年级和 9 年级融入了语文、道德与法制、数学、科学、综合实践活动等课程相关内容。依据核心素养和学段目标，按照学生的认知特征和信息科技课程的知识体系，围绕数据、算法、网络、信息处理、信息安全、人工智能六条逻辑主线，设计义务教育全学段内容模块，组织课程内容，体现循序渐进和螺旋式发展[①]。

《义务教育信息科技课程标准（2022年版）》拓展并丰富了学习手段，改进学习方法，落实数字化学习理念。该标准明确了信息科技课程的总体目标是坚持落实立德树人的根本任务，发展学生信息素养，提高数字化胜任力。通过课程学习，学生要树立正确的信息价值观和网络伦理道德观，形成信息意识，初步具备应用信息科技解决问题的能力，发展计算思维，养成数字化合作与探究的习惯，崇尚科学精神、原创精神，增强国家信息安全意识，自觉践行信息社会责任，为成为信息社会的合格公民打下数字化基础。

二、信息科技课程性质与基本理念

21 世纪以来，信息科技迅猛发展，快速改变着人们的工作、人际交往、学习和生活方式，并已成为人工科学的核心构成、自然科学的重要支撑、社会科学的创新引擎，对社会进步、经济繁荣、科技发展和教育创新起到越来越重要的作用。信息科技课程是一门知识性与技能性相结合的学科，具有基础性、实践性、应用性和创新性的特点，有着其他学科难以替代的作用。学会获取、表示、存储、传输、变换、呈现信息及应用过程中的科学原理、思维方法、处理过程和工程实现，构成了其他领域数字化和智能化发展的共同基础，成为当今国家对基础教育阶段人才培养的基本任务之一。

---

① 教育部. 义务教育信息科技课程标准（2022 年版）[M]. 北京：北京师范大学出版集团，2022.

（一）课程的性质与价值

义务教育信息科技课程具有基础性、实践性和综合性等特点，为学生高中阶段信息技术课程的学习奠定基础。信息科技课程旨在培养科学精神和科技伦理，提升自主可控意识，培育社会主义核心价值观，树立总体国家安全观，提升数字素养与技能[1]。

信息科技作为先进生产力的代表，已经成为我国经济发展的重要支柱和网络强国的战略支撑。信息科技课程从以计算机为核心到以互联网为核心，再到以数据为核心的发展脉络，深刻影响着社会的经济结构和生产方式，加快了全球范围内的知识更新和技术创新，推动了社会信息化、智能化的建设与发展，催生出现实空间与虚拟空间并存的信息社会，并逐步构建出智慧社会。信息科技的快速发展，重塑了人们沟通交流的时间和空间观念，不断改变着人们的思维与交往模式，深刻影响人们的生活、工作与学习，已超越单纯的技术工具价值，成为当代社会新的思想和文化内涵。提升学生的信息素养，增强个体在信息社会的适应力与创造力，对个人发展、国力增强、社会变革有着十分重大的意义。

基础教育阶段的信息科技课程是一门旨在全面提升学生信息素养，帮助学生掌握信息科技基础知识与技能、增强信息意识、发展计算思维、提高数字化学习与创新能力、树立正确的信息社会价值观和责任感的基础课程。课程应围绕信息科技学科的核心素养，精炼学科大概念，吸纳学科领域的前沿成果，构建具有时代特征的理论学习和实践应用体系，通过丰富多样的任务情境，鼓励学生在实践中积累经验，在实践中追求创新。信息科技课程需要致力于培养学生主动适应信息科技发展变化的能力，让学生体验技术创新的价值，培养追求创新精神，发展创新能力。使学生在问题解决的过程中综合应用各学科知识技能，增强信息意识和社会责任感，提高问题解决的能力，增强信息意识，理解信息科技对人类社会的影响，提高信息社会参与的责任感与行为能力，从而成为具备较高信息素养的人。

---

[1] 教育部. 义务教育信息科技课程标准（2022年版）[M]. 北京：北京师范大学出版集团，2022.

（二）义务教育信息科技课程的基本理念

反映数字时代正确育人方向。坚持以习近平新时代中国特色社会主义思想为指导，全面贯彻党的教育方针，落实立德树人根本任务。发挥课程育人功能，帮助全体学生学会数字时代的知识积累与创新方法，引导学生在使用信息科技解决问题的过程中遵守道德规范和科技伦理，培育学生正确的世界观、人生观、价值观，促进学生在数字世界与现实世界中健康成长[1]。

构建逻辑关联的课程结构。以数据、算法、网络、信息处理、信息安全、人工智能为课程逻辑主线，按照义务教育阶段学生的认知发展规律，统筹安排各学段学习内容。小学低年级注重生活体验；小学中高年级初步学习基本概念和基本原理，并体验其应用；初中阶段深化原理认识，探索利用信息科技手段解决问题的过程和方法[2]。

遴选科学原理和实践应用并重的课程内容。面向数字时代经济、社会和文化发展要求，吸纳国内外信息科技的前沿成果，基于数字素养与技能培育要求，遴选课程内容。从信息科技实践应用出发，注重帮助学生理解基本概念和基本原理，引导学生认识信息科技对人类社会的贡献与挑战，提升学生知识迁移能力和学科思维水平，体现"科"与"技"并重[3]。

倡导真实性学习。创新教学方式，以真实问题或项目驱动，引导学生经历原理运用过程、计算思维过程和数字化工具应用过程，建构知识，提升问题解决能力。注重创设真实情境，引入多元化数字资源，提高学生的学习参与度。支持学生在数字化学习环境下进行自我规划、自我管理和自我评价，鼓励"做中学""用中学""创中学"，凸显学生的主体性[4]。

强化素养导向的多元评价。注重评价育人，强化素养立意。坚持过程性评价与终结性评价相结合，加强学习结果的评估和应用，服务教育教学

---

[1] 教育部. 义务教育信息科技课程标准（2022年版）[M]. 北京：北京师范大学出版集团，2022.
[2] 教育部. 义务教育信息科技课程标准（2022年版）[M]. 北京：北京师范大学出版集团，2022.
[3] 教育部. 义务教育信息科技课程标准（2022年版）[M]. 北京：北京师范大学出版集团，2022.
[4] 教育部. 义务教育信息科技课程标准（2022年版）[M]. 北京：北京师范大学出版集团，2022.

质量管理。坚持基本知识考核与实践应用考核相结合，综合运用纸笔测试、上机实践、作品创作等方法，全面考查学生学习状况。坚持自评和他评相结合，增强学生自主学习能力[①]。

三、信息科技课程的特征

信息科技课程是我国基础教育的必修课程，根据中小学信息科技课程教学体系和教学内容来分析，信息科技学科具有基础性、实践性、发展性、创新性、综合性、趣味性和应用性等特征。下面重点介绍前四种特征。

（一）基础性

随着信息社会的到来，信息科技已广泛地应用于社会的各个方面，信息科技成为人们工作、学习和生活的必备素质和能力，也是学生学习其他学科、开展终身学习的必备素质和关键能力。在信息化时代，信息技术已经和读、写、算等基本能力一样，成为现代社会每个公民必须具备的基本素质和基本能力[②]。信息科技能力是学生在数字化网络环境下学会生活、学会学习的基础，是学生迎接信息社会挑战与终身发展的基础，也是为社会培养各行各业信息化人才的基础。

（二）实践性

实践性是信息科技课程非常突出也非常重要的一个特征。在教学中，教师要更多地思考如何将知识技能与学生的真实生活联系起来，让学生感受到学习不是枯燥无味，而是丰富有趣的，是与生活息息相关的，最终实现"源于生活，融入生活，用于生活"的生活化教学[③]。信息科技是当前社会解决问题、开展实践创新的基本工具和方法。信息科技的教与学都离不

---

① 教育部. 义务教育信息科技课程标准（2022年版）[M]. 北京：北京师范大学出版集团，2022.
② 武晶晶. 小学信息技术课程的学科特点分析及教学建议[J]. 教育探索，2002（4）：69-71.
③ 辛跃武. 浅谈小学信息技术教学生活化[J]. 中国信息技术教育，2011（7）：46-47.

开实践，离不开具体的操作与应用：在实践中提升技能；在实践中探究规律；在实践中创作作品；在实践中积累经验；在实践中追求创新。信息科技课程对学生实践探究能力的培养具有重要作用。

（三）发展性

信息科技发展日新月异，旧的技术不断被淘汰，新的信息科技层出不穷，如人工智能逐渐应用到各个领域，物联网技术迅猛发展，机器人技术已转化为产品……因此，中小学信息科技课程的学习内容要求不断更新与发展。另外，信息科技课程所处的环境也在不断更新变化，2000年，国家推行了"'校校通'工程"[①]；2018年，教育部发布的《教育信息化 2.0 行动计划》文件中正式提出"三全两高一大"[②]；2019年，教育部《关于实施全国中小学教师信息技术应用能力提升工程 2.0 的意见》中要求到 2022年基本实现"三提升一全面"[③]。各个学校信息科技环境设备迅速更新变化，这些都使得中小学信息科技课程教学具有明显的发展性特点。

（四）创新性

信息科技课程具有创新性。信息科技自身就是在不断创新中飞速发展的，硬件不断更新换代，软件不断推陈出新，由信息科技引发的生活方式转变以及社会法律道德伦理规范等问题也层出不穷，因此要让学生积极关注信息科技发展的动态，感受信息发展的新概念、新形态，了解和掌握新技术、新方法；体会信息技术快速发展变化的趋势，主动适应信息技术发展变化的能力，为更好地适应未来生活奠定必要的知识、技能和心理基础[④]。

---

① "'校校通'工程"源于教育部《关于在中小学实施"校校通"工程的通知》，决定在全国中小学实施"校校通"工程。"校校通"工程是利用信息技术实现家庭与学校快捷、实时沟通的网络教育平台。是现社会、学校与家庭之间信息交流的立体网络。
② "三全两高一大"即教学应用覆盖全体教师、学习应用覆盖全体适龄学生、数字校园建设覆盖全体学校，信息化应用水平和师生信息素养普遍提高，建成"互联网+教育"大平台。
③ "三提升一全面"指校长信息化领导力、教师信息化教学能力、培训团队信息化指导能力显著提升，全面促进信息技术与教育教学融合创新发展。
④ 王理，邻云江. 小学信息技术课程价值定位及内容设置的思考[J]. 中小学信息技术教育，2011（4）：9-10.

第二节 ICS 教学模式概述

一、信息科技学科常用的教学模式

（一）任务驱动法

任务驱动教学法是一种建立在建构主义理论基础上的教学方法，它是以任务为主线、以教师为主导、以学生为主体的一种新型教学方法，包括实施任务、分析任务、完成任务、总结评价等环节，真正实现了师生、生生之间的多维和谐互动[1]。任务驱动法就是学生在教师的引导下，围绕共同的任务，在问题的驱动下，通过对学习资源的应用，进行自主探索和互动协作的学习，完成既定任务。实践性是信息科技学科的特征之一，教师要激励学生"做中学、创中学"，培养学生的实践应用能力和创新意识。这就要求学生能够参与到不同的学习任务当中，通过思考和交流，发挥自己的想象力和创造力，完成学习任务，达成学科教学目的。通过调查发现，任务驱动法已被绝大多数信息科技教师认可，并应用到了日常教学过程中[2]。

1. 案例概述

本案例是广东教育出版社《信息技术》七年级下册图文排版部分的内容，主要内容包括版面设置、文字排版、插入图片、插入基本形状等。本课是在 2020 年 3 月新冠疫情暴发时期的一节网络直播课。教学中，设置了制作"我是防疫宣传员"的电子报刊任务，通过一个完整的任务驱动学习本课内容，既能让学生学习到新技术，又可以让学生在特殊时期熟悉疫情防控的相关知识。

---

[1] 张爱菊，张浩奇. 基于"任务"驱动的数学教学设计[J]. 教学与管理，2012（13）.
[2] 马宁，吴俊杰. 中小学信息技术有效教学模式[M]. 北京：中国人民大学出版社，2014.

2. 教学过程

（1）创设情境，引入任务。

教师：时间过得真快，转眼已到了三月份，我们本应该坐在明亮的教室里，与亲爱的老师、同学们在一起，快乐地学习。可为什么现在我们只能在家里学习呢？对了，因为新型冠状病毒的突然袭击，我们不得不待在家中，不过，请同学们相信，我们很快就会迎来真正的自由。现在，请和老师一起欣赏用 WPS 文字创作的电子报刊作品。

展示用 WPS 文字制作的电子报刊作品，激发学生的创作热情。

（2）总体构思，分析任务。

教师：要制作电子报刊，首先要进行版面设计。成功的版面设计，不但能使读者获取大量的信息，还能获得美的感受，从而激发阅读兴趣。在进行版面设计时，总体构思包括以下三个方面，包括主题、版面及选择要插入的图形素材，要做到突出主题，确定内容；标题要简洁明了，易记；正文要通俗易懂、内容真实、文笔流畅、概括力强；插图要突出主题、画面清晰；轮廓要统一造型，使版面更集中，避免凌乱；色彩要把握视觉的关键，需体现主题内容和整体风格。

学生准备纸、笔、电脑，安装 WPS 软件。

（3）制作作品，完成任务。

第一步：启动 WPS 软件，新建空白文档。第二步：设置纸张方向为横向或者用默认的纵向。第三步：用表格或形状布局。第四步：设置艺术字标题。第五步：添加文字。第六步：添加图片。第七步：设置背景和边框。

（4）修改完善，总结评价。

教师：今天，我们用 WPS 文字制作"我是防疫宣传员"的电子报刊。经过了版面设计、素材选择、作品制作及修改完善，我们的图文混排更加美观、和谐、统一，文档更加具有视觉冲击力和实用价值。

3. 案例分析

本课通过布置任务、分析任务、完成任务、总结评价四步实现了学习目标。任务驱动法适用于信息科技课程中操作性较强的教学内容，它以任务为明线，以培养学生的信息素养为暗线，体现以学生为主体、以教师为主导的教学思想。这种教学方法要取得成效，有两个关键点：第一是任务设置要科学，要难易适中，要把握学生的"最近发展区"。第二是任务要明确，教师尽可能要让学生明确学习任务。

本课的教学内容主要有版面设计、插入图片、设置图片格式、绘制形状、插入艺术字等几个重要组成部分。根据新课标要求，学生要掌握在WPS文字中插入和编辑图片的方法，能够使用图片工具对图片进行裁剪，使其协调美观。该教学设计能够很好地通过四个学习任务解决本课的重点与难点，达成教学目标。教师共设置了四个学习任务，分别是设计版面、选择素材、制作作品和修改完善。四个任务层层递进，每个学习任务都为最终的教学目标服务。任务二的完成需要完成任务一的技能，任务三的完成需要学会任务二的技能。每个任务的完成都需要综合前期所学，这更能激发学生的内在学习动机，让学生始终围绕教学目标完成学习任务。

（二）合作学习法

新课改倡导合作学习的学习方式，在信息科技教学中培养学生的合作精神和合作能力已势在必行。合作学习是指学生为了完成共同的任务，有明确责任分工的互助性学习。合作学习鼓励学生为集体利益努力工作，在完成共同任务的过程中提升自己。基于合作学习的信息技术课堂应当具有三个教学特征：教师与学生"互为主体"，共同发展；宽松的环境，课堂氛围融洽；课堂活动丰富，学生积极性高。[1]

随着社会的发展和时代对人才要求的不断提升，中小学信息科技课程

---

[1] 李璇. 合作学习方式下的小学信息技术课堂教学特征分析——基于改进型弗兰德斯互动分析系统[J]. 中小学电教：综合，2021（11）：4.

也面临新的挑战:从最初局限于教简单的技术逐渐向注重培养学生信息科技学科核心素养及社会交往能力的方向发展。合作学习,作为一种新型的、富有创意和实效性的教学理论与策略,在改进课堂学习气氛、提高学业成绩、培养互助交流品质等方面的巨大优势,越来越得到一线教师的重视。

1. 案例概述

本案例是广东教育出版社《信息技术》八年级下册第一单元第八课"综合活动",主要内容是用程序和算法解决现实生活问题,具有较强的综合性。随着信息科技的发展,人工智能给我们的生活带来了巨大改变,其中AI图像识别、人脸识别等科技成果得到广泛应用,学生对此充满了兴趣,故在教材原有实例基础上拓展"人脸识别门禁系统"程序,使用合作探究学习法,设置探究型任务,能很好地培养学生的计算思维、信息意识和信息社会责任感。

2. 教学过程

(1) 知识储备,原理讲解。

教师讲解"人脸识别门禁系统"的工作原理,引导学生进行程序设计。

问题1:想通过"刷脸"开门,需要经历哪些步骤?

问题2:"人脸识别门禁系统"程序分为哪几大模块?

(2) 小组合作,完成程序。

学生以小组为单位,观看教师提供的微视频,思考以下3个问题,完成程序设计。

问题1:如何在Mind+软件中调用拓展"网络服务"积木块,使用百度云API设置独立账号,创建人脸库?

问题2:"录入"模块程序如何编写?

问题3:"验证"模块程序如何编写?

完成程序编写的小组在教学网站提交并举手示意,由教师发放硬件设备摄像头,将小组成员的头像信息录入系统。

(3) 小组讨论,突破难点。

教师组织学生进行讨论,并对回答进行点评总结。

问题：若使用老师的照片进行识别，大门是否会打开？应如何解决这个漏洞？

（4）小组分享，展示成果。

以小组为单位上台展示，小组成员通过人脸识别可以"打开门禁"，其他人无法打开；学生演示将老师添加为团队成员后可以"开门"。

3. 案例分析

本课通过小组合作、讨论、分享等方式进行探究学习，适用于学生之间差异较大的情况。采用组间同质、组内异质的方式把不同层次的学生分在一组，小组成员共同完成一个任务。在合作探究中安排基础好的学生帮助有困难的学生，也可以请基础好的学生完成任务后担任"小老师"，促进小组任务的完成。

在信息科技教学中，程序设计是培养学生计算思维、提升学生数字化学习与创新能力的重要手段。学生学习程序设计的水平差异较大，合作探究能较好地解决这个问题，让学生学会用程序设计语言解决现实问题，鼓励学生对程序进行合作交流，顺利完成教学目标。

通过分析人脸识别的安全性，将学生的思维活动推至另一个高度，培养学生信息社会责任意识，通过课堂拓展人脸识别在未来的应用，引导学生发散思维，提升学生的核心素养。

（三）情境教学法

情境教学法是指在教学过程中有目的地引入或创设具有一定情绪色彩的以形象为主体的生动具体的场景，以引起学生一定的态度体验，从而帮助学生理解教材，并使学生心理机能得到发展的方法[①]。教师通过对学生的日常学习能力进行评估，创设具有实际意义的教学情境，能有效激发学生的个体思考活力。这已成为新课改得以顺利实施的重要教学方法。

随着教学改革的日益深化和教学实践的不断深入，情境教学法已广泛应用于基础教育课程教学中，中小学信息科技课程中的情境教学法也很普

---

① 米俊魁. 情境教学法理论探讨[J]. 教育研究与实验，1990（3）：5.

遍。与传统教学方法相比，它能够很好地利用教学过程创设的情感氛围使学生在一定的情绪中进行感受，在真实生动的场景中身临其境地进行情感体验，同时激发学生的学习兴趣。

1. 案例概述

本案例节选自 Python 程序设计中《用 for 循环结构执行重复计算》和《while 循环语句》的内容。在学生掌握了循环结构的基本格式之后，创设了"新冠疫情防控"情境，通过程序让学生感受新冠疫情在不防控的情况下可能会导致的严重后果，加强学生的疫情防控意识，让学生深切感受到疫情防控不可放松。

2. 教学过程

教师：从 2020 年新冠肺炎疫情暴发至今，我国在抗疫工作上取得了明显成果，得到世界各国的肯定。请同学们设计一个程序模拟新冠疫情的传播情况，在不进行防控的情况下，假设每人每天会感染 5 人。

假设目前有 1 人感染，那 n 天后共有多少人感染？请按照计算机解决问题的四个基本步骤，利用 for 循环结构解决问题。程序如下：

```
n=int（input（'输入 n：'））
s=1
for i in range（1,n+1）:
s=s+s*5
print（'感染的人数为：',s）
```

运行结果：

```
控制台
输入 n:5
感染的人数为： 7776
程序运行结束
```

图 1-1　程序运行结果图

```
控制台
输入 n:10
感染的人数为： 60466176
程序运行结束
```

图 1-2　程序运行结果

本案例以"疫情防控"为主线，让学生通过程序设计真切感受到如果不进行疫情防控将会产生的严重后果。假设今天有 1 人感染，在不防控的情况下，第 5 天会有 7776 人感染，第 10 天将会有 60 466 176 人感染。

3. 案例分析

达成教学任务是课堂教学的关键，创设情境则是关键中的关键。本案例使用了当前社会关注的热点问题，在一定程度上激发了学生学习的主动性，当学生看到这些数字后，切身地感受到疫情防控的重要性和必要性，也为我们国家的防疫成果感到骄傲与自豪，提升了民族自豪感。

（四）分层教学法

世界上没有相同的两片树叶，也没有完全相同的两个人，分层教学的理论依据古已有之，如"因材施教""量体裁衣"等。分层教学就是教师根据学生现有的知识、能力和潜力把学生分成几个彼此水平相近的群体并实施区别教学[①]。分层教学法既能使所有学生达到《义务教育信息科技课程标准（2022 年版）》的基本要求，又能使信息科技学习能力较好的学生得到进一步发展，使所有学生的信息科技学科核心素养得到普遍提高。分层教学使每个层次的学生都能够获得成功的体验，这种愉快的情绪，极大改善了教师与学生的关系，从而提高教师与学生之间合作与交流的效率[②]。

分层教学是一种因材施教、因人施教的教学理念及教学模式[③]，它是以学生之间的个性差异为出发点的一种个性化教学策略。其最大的优点是尊重学生个体差异，体现学生的主体地位，促进学生潜力充分发挥，促使每个学生进步和发展。

1. 案例概述

分层教学法是信息科技教学中最普遍使用的一种教学方法。在教学中，教师可根据学情设置不同层次的学习任务。这里以《查找与替换》和

---

① 分层教学法. https: //baike.baidu.com/item/分层教学法/5027832?fr= aladdin.
② 胡庆芳. 优化课堂教学：方法与实践[M]. 北京：中国人民大学出版社，2014.
③ 郑新平. 高中信息技术任务型分层教学策略的实施[J]. 中国信息技术教育，2014（8）: 1.

《用分支结构控制计算》这两节课来说明如何设置分层任务可以取得良好的效果。

2. 教学过程

在教学《查找与替换》这一内容时，教师设置了三个不同层次的学习任务。第一层次：WPS 文字软件中"查找与替换"功能和基本操作。第二层次：将文章中的关键词"AI"替换成"人工智能"，统计"人工智能"出现的次数。第三层次：突出显示正文中所有的"人工智能"关键词，将字号为小四、字体为楷体的文字统一调整为五号宋体。要求优秀生达到第三层次的要求；中等生要完成第二层次的任务；待优生只需要完成基本的教学目标第一层次的任务。

在教学《用分支结构控制计算》一课时，教师设计了计算打印费用的程序，同样设置了分层任务。临近期中考试，张老师准备给同学们打印复习资料，打印店的老板给出了一下优惠方案，基础任务：一次性打印 100 张或 100 张以下不打折；一次性打印 101~300 张打九折；一次性打印 300 张以上打 8 折。已知每打印一张 0.3 元，请编写程序，根据打印材料的数量，计算打印费用。提高任务：单面打印一张是 0.3 元，双面打印一张是 0.5 元，在打印前要先确定单面打印还是双面打印，请根据实际情况，将程序完善。在教学过程中，教师可根据学生的具体情况决定学生能到达的具体层次目标，学生可以在完成当前学习任务后继续探究更高层次的学习任务，获得最大限度的提高。

3. 案例分析

上述两个案例都使用了分层教学策略，它要求教师在开展教学之前，依据学生的心理基础、个性特点与知识水平等方面的差异，改变设置同一任务的做法，设计不同层次的教学任务。充分考虑学生的个性特点，让每个学生都能获得发展，可以从三个方面具体实施分层教学。

第一方面，合理分组。通过问卷调查了解情况，如学生接触电脑的时间，用过什么软件，掌握了哪些技能，家里是否有电脑，有没有经常使用网络，以及常在网络上进行什么操作等。通过调查了解学生的基础，按照组间同质、组内异质的原则组建小组。当然，学生智力水平和认知差异等也是分组要考虑的重要因素。

第二方面，备课分层。设计教学环节非常重要，而分层备课是做好分层教学的关键。教师在充分挖掘教材、认真学习领会新课程标准的情况下，针对学情设计分层教学内容和过程，确定切实可行的教学目标。

第三方面，目标分层。目标的设定也要有层次性，如针对学习困难的学生应多加指导，可以给他们出一些简单的习题，使他们掌握基础的知识结构，学习基本的方法，培养基本的学习能力；对中等的学生设计的任务要有一定的难度，不仅要求学生能熟练掌握基本知识，也要求学生能灵活运用多种方法，发展理解能力和思维能力；对优等生则要设计些灵活性和难度较大的问题，不仅要求学生能深刻理解基础知识，更要懂得灵活运用。要培养学生的创造力和创新精神，发展学生的个性特长。

第四方面，评价分层。评价的目的是促进教学，是为了更好地促进学生的学习。分层评价，看学生是否达到了相应目标。如实施课堂提问时，教师根据任务的难易程度，选择不同层次的学生回答，这样可以让学生更积极地参与教学，获得成功体验，使不同层次的学生都有提高。

二、ICS 教学模式

（一）ICS 教学模式介绍

ICS 教学理念倡导教师创设情境化的教学环境，引导学生在特定的情境环境中自主学习（independent learning）、合作探究（cooperation inquiry）和分享交流（sharing interchange），达成学习目标，养成良好的学习习惯和学习能力。ICS 教学理念将某一情境贯穿课堂始终，把课堂分为看似独立实则相互联系的三个步骤。第一步，学生通过自主学习（independent learning）解决课程的基础问题，发现存在的难点；第二步，学生通过小组成员合作探究（cooperation inquiry），解决自主学习中出现的问题，突破课程重难点；第三步，通过分享交流（sharing interchange）展示学习成果，分享本节课的收获，评价学习效果。

自主学习是与传统接受式学习相对应的一种现代化学习方式。顾名思义，是学生作为学习的主体，通过独立分析、探索、实践、质疑、创造等来实现学习目标。在国外，最早提出此概念的是法国南西大学的霍利克（Holec），他指出"自主学习能力是一种对自己学习负责的能力"[①]。在我国，余文森教授认为自主学习是指学生自己主宰自己的学习，是与他主学习相对立的一种学习方式[②]。该观点强调基于学生主观意愿有计划地自主学习，而不是被动地接受他人命令的学习。庞维国教授提出自主学习是学习者内在的自我驱动，这种自我表现在对学习内容的选择、对学习策略的选择调整、对学习时间的规划和安排，以及主动营造学习的物质和社会条件等方面。[③]

自主学习有三方面的含义，包括主动性、独立性和自控性。主动性是自主学习的基本品质，表现为"我要学"，是基于学生对学习的一种内在需要，是指一种渴望获得知识的个性心理特征，是对个人学习活动的一种积极认识倾向和情绪状态。学生有了这种心理状态，学习对他来说就不是一种负担，而是一种享受、一种愉快的体验，学生会越学越想学，越学越爱学。独立性是自主学习的灵魂。如果说主动性表现为"我要学"，那么独立性则表现为"我能学"。独立性是学生学习的一种重要品质。新课程要求教师充分尊重学生的独立性，正确引导学生发挥其独立性，从而培养学生独立学习和独立解决问题的能力。自控性是培养学生对学习的自我意识和自我监控能力。自主学习要求学生对为什么学、能否学习、学习什么、如何学习等问题有自觉的意识和反应，它突出表现在学生对学习的自我计划、自我调整、自我指导、自我强化上，即在学习活动之前，学生能够自己确定学习目标，制定学习计划，选择学习方法，做好学习准备；在学习活动之中，能够对学习过程、学习状态、学习行为进行自我观察、自我审视、自我调节；在学习活动之后，能够对学习结果进行自我检查、自我总结、自我评价和自我补救。

---

① 祝怀新. 自主学习视野下的日本教师培养改革研究[D]. 杭州：浙江大学，2018.
② 左小琴. 基于移动学习的自主学习策略研究[D]. 上海：上海师范大学，2017.
③ 左小琴. 基于移动学习的自主学习策略研究[D]. 上海：上海师范大学，2017.

信息科技课程改革首先要转变教学理念，把学习的主动权还给学生，使学生能主动投入学习中。为了满足课程改革的需要，ICS教学模式以自主学习为起点，让学生在课堂前10分钟左右自主学习，掌握本节课的基础知识和基本内容，发现存在的难点。在自主学习中锻炼学生自主学习能力，提升认知水平，为终身学习打下坚实的基础。教师要相信学生、尊重学生，提高学生参与的积极性。顺应教育改革的需求，积极转变教学理念，强化自主学习效果。只有教学理念发生转变，才能适应新的ICS教学模式，落实课程改革的要求。

　　合作探究是以小组为单位，教师作为课堂的组织者，利用各种动态因素，促进学生合作探究，以集体为评价出发点，以达到预期目标的一种教学。小组合作探究为每位学生都提供了全面发展的机会，教师要以学生的生活体验和基本能力为出发点，始终将学生放在首要的位置上，构建以小组合作为核心的学习模式。在突出学生主体性的同时，教师也要给予适当的指导，积极组织一些趣味性的活动，在小组合作中培养学生的团队合作能力和合作精神。学生在小组中相互尊重，发挥主观能动性，逐渐养成"我要学"的意愿。ICS教学模式的合作探究是新课程所倡导的学习方式，是适应时代发展的科学学习方式，有利于培养学生团队合作能力和合作精神。教师要认真研究小组合作探究教学的特点，找到更多优化课堂的方法。

　　合作探究具有互动性、问题性、过程性和开放性特点。互动性是指课堂上同伴之间的互助行为，也是人与人之间的一种交往过程，就是学习主体之间的相互作用、相互交流、相互沟通，通过互动交流学习信息科技并解决实际问题。问题性是合作探究的主要特征，合作探究特别强调问题在学习活动中的重要性，一方面强调通过问题来进行学习，把问题看作学习的动力、起点和贯穿学习过程的主线；另一方面通过学习来生成问题，把学习过程看成是发现问题、提出问题、分析问题和解决问题的过程。过程性是指为达到学习目的或获得所需结论而必须经历的活动程序，学生在学习的过程中，经过一系列的质疑、判断、比较、选择，以及相应的分析、综合、概括等认识活动，即通过多样化的思维过程和认知方式，发生多种观点的碰撞、争论和比较，才能获得结论。过程性更有利于培养学生的创新精神和创新思维。合作探究学习强调开放性，为学生创造一个宽松、和谐、民主的心理氛围，给学生一种心理安全感，而心理安全、心理自由正是学生主动、生动发展的摇篮。

"学习金字塔"告诉我们，学习效果最好的方式，就是把知识传授给他人或者马上应用，而分享交流很好地实现了这种效果。分享是人的天性，学生可以在交流和表达中，对知识、技能、思想、方法等进行重组、建构、反思和提升。分享环节直接关系学习效果，体现了在分享交流中提升学习效果的理念。

分享交流是以小组为单位，把课堂的收获分享给全班同学，展示学习成果。可以小组成员一起汇报，也可以派两到三名代表汇报。以下是小组分享交流中的基本句式：

开场白：下面由我们（如果是两到三名，就加上"代表"二字）第 X 小组来汇报（某专题内容）。

小组成员或代表分享本组的学习成果。在分享时要分工明确，有同学负责讲解，有同学负责操作，也有同学负责演示……

交流补充：我的展示分享完毕，请问大家还有什么补充或质疑吗？

如果其他组同学作出补充，展示小组可以说："谢谢你的补充/谢谢你的纠正！"如果其他组同学质疑，展示小组则需要进行解答，在解答过程中，分享小组与全班同学互动交流，如果无法得出结论，可以请教老师。

尾声：我们组的展示汇报完毕，谢谢大家！

教师在教学过程中应与学生积极互动、共同发展，要处理好传授知识与培养能力的关系，注重培养学生的独立性和自主性，引导学生质疑、点评、合作、探究，在实践中学习，促进学生在教师指导下主动地、富有个性地学习。教师应尊重学生的人格，关注个体差异，满足不同学生的学习需要，创设能引导学生主动参与的学习环境，激发学生的学习积极性，培养学生掌握和运用知识的能力，使每个学生都能得到充分的发展。ICS 教学模式正是这样一种教学模式，它要求教师创设能激发学生学习兴趣的情境，学生在特定的情境中自主学习、合作探究和分享交流，达成预定的教学目标。

（二）ICS教学模式的总体框架

ICS教学模式倡导学生在特定的教学情境中自主学习、合作探究和分享交流，为中小学信息科技教师提供可参考的教学模式，能很好地解决目前教学中存在的学生积极性不高、解决问题能力不足、学习氛围不浓、学习习惯不佳等问题。ICS教学模式真正实现了"学生中心""先学后教""以学定教"的目标，能达到增强学生学习兴趣、提升学生学习能力、培养学生信息科技核心素养的目的，力争使每一位学生都能成为信息时代的合格数字公民。它的总体框架如下：

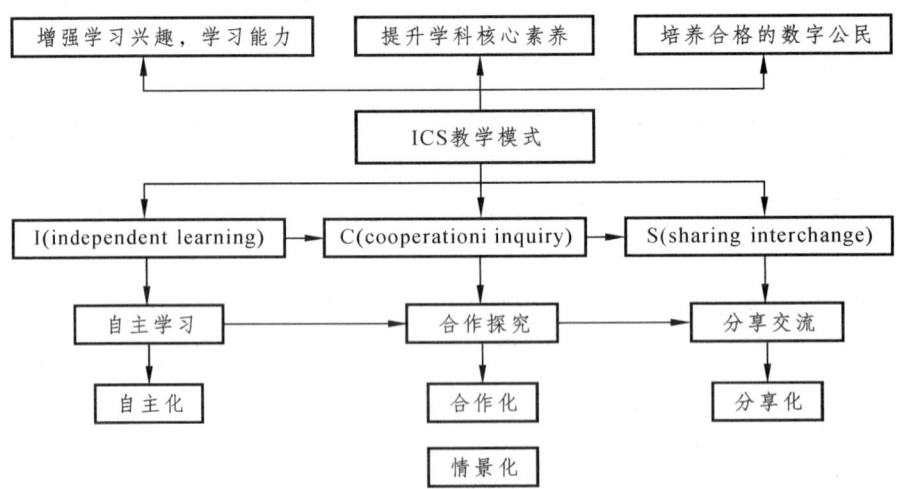

图1-3 ICS教学模式总体框架

第三节　ICS 教学模式的理论依据

一、建构主义学习理论

（一）建构主义学习理论概述

建构主义作为一种认知方式或教育实践，并不是当代才突然出现的，苏格拉底（Socrates，前 469—前 399）和柏拉图（Plato，前 427—前 347）是最早的建构主义者。从建构主义的观点看，苏格拉底的"产婆术"无疑是建构主义教学的成功范例。杜威的"做中学"也对建构主义颇有影响。现代建构主义的先导当属皮亚杰，他认为知识既非来自主体，也非来自客体，而是在主体与客体的相互作用过程中建构起来的[1]。一方面，新经验要获得意义需要以原来的经验为基础；另一方面，新经验的进入又会使原有的经验发生一定的改变，使它得到丰富、调整或改造，这就是双向的建构过程[2]。换句话说，新经验的获得以原有的经验为基础，把新的经验吸收到原有的经验体系中，实现信息的扩充，即同化。与此同时，新经验又影响原有经验，使其发生一定程度的改变，对原有的认知结构加以重组和改造，形成新的认知结构，即顺应。

20 世纪 70 年代后期，以布鲁纳为首的美国教育心理学家将苏联心理学家维果茨基的思想介绍到美国后，对建构主义思想的发展起到了极大的推动作用。维果茨基在心理发展上强调社会文化、历史的作用，特别强调活动和社交在人高级心理机能发展中的突出作用。他认为，高级心理机能来源于外部动作的内化，这种内化不仅可以通过教学，也可以通过日常生活、游戏和劳动等来获得。内在的智力活动也可以外化为实际动作，使主观见之于客观。内化和外化的桥梁便是人的活动。按照维果茨基的解释，最近发展区是指"儿童的实际发展水平与潜在发展水平之间的差距。前者

---

[1] 张大均. 教育心理学[M]. 北京：人民教育出版社，2015：93.
[2] 温彭年，贾国英. 建构主义理论与教学改革——建构主义学习理论综述[J]. 教育理论与实践，2002，22（5）：6.

由儿童独立解决问题的能力而定,后者则是指在成人的指导下或是与能力较强的同伴合作时,儿童表现出来的解决问题的能力"[1]。教学就是不断地将潜在的发展水平变成现实的发展水平,创造新的最近发展区。维果茨基的思想对当今的建构主义产生了很大影响。

建构主义是学习理论中行为主义发展到认知主义后的进一步发展,其思想来源繁杂,流派纷呈。建构主义学习观认为,学习是个体原有经验与社会环境互动的加工过程。在教育心理学中,建构是指学习者通过新旧知识经验之间反复、双向的相互作用,形成和调整自己的经验结构的过程[2]。建构主义认为,世界是客观存在的,但对世界的认识是由个体决定的。生活中,个体都是以自己的经验来建构或解释现实的。个体世界是用自己的头脑创建的,因为个体的经验和对经验的信念不同,所以对客观世界的理解也不同。在学习上,建构主义更加关注学习者如何在原有的经验、心理认知的基础上来建构知识,强调学习的主动性、合作性和情境性,对学习和教学提出了许多新的见解。

(二)建构主义理论的基本观点

建构主义学习理论是 21 世纪教育改革的重要指导理论,被誉为"当代教学心理中的一场革命"[3]。德国基尔大学的赖恩德里·杜伊特认为:"建构主义当然不是偶然成为科学教育研究中的主导理论,它符合当代思想的主流。"[4]这一流派对传统教育观念和教学模式产生了极大的冲击。

建构主义学习理论由情境、协商、会话和意义建构四要素组成。建构主义学习理论是指学习者通过本身的知识经验与环境交互活动,来获取与建构新知识,学习者借助其他人的帮助或网络,利用相应的学习资料,通

---

[1] Vygotsky L S.Thinking and speech.In Rieber R W,The Collected Works of L.S.Vygotsky,Newyork and London:Plenum Press,1987,Vol.1,375-383.
[2] 吴庆麟. 教育心理学——献给教师的书[M]. 上海:华东师范大学出版社,2003:195.
[3] 张斯倩. 核心素养视域下引入地方美术资源的创新教育[D]. 上海:华东师范大学,2019.
[4] 高有华,王银芬. 国际高校课程改革发展的趋势[J]. 辽宁教育研究,2008(11):117-119.

过人际的协作活动，依据已有的知识经验主动地进行意义建构。建构主义学习理论重视意义建构，教学目标是在过程中完成的，通过探索式或者基于问题的教学来实现[1]。与此同时，建构主义学习理论的教学设计注重以学生为中心，强调学生的自主、协作与反思，重视学习情境的创设以及学习者主动建构意义。

学习者对知识的掌握只能靠自己的建构来完成，以自己的经验、信念为背景来分析知识的合理性。学习不仅是对新知识的理解，而且是对新知识的分析、检验和批判的过程。另外，学习不能满足于简单的掌握，而是需要不断深化。具体情境总有自己的特异性，知识在各种情况下的应用并不是简单套用，要把握其在各种情境中的复杂变化，做到举一反三，灵活应用。

二、人本主义学习理论

（一）人本主义学习理论概述

人本主义学习理论于20世纪五六十年代在美国兴起，七八十年代迅速发展。人本主义学习理论建立在人本主义心理学的基础上，对其产生深远影响的有两位著名的心理学家，分别是美国心理学家马斯洛（A.H.Maslow）和罗杰斯（Carl R.Rogers）。他们强调人的尊严、价值、创造力和自我实现，把人的本性的自我实现归结为潜能的发挥。该理论主张教育培养整体的、自我实现和创造型的人，探讨人本化的课程与方法，提倡学校创造自由的心理气氛。人本主义学习理论的重点是研究如何为学习者创造一个良好的环境，让学习者从他自己的角度来感知世界，如何发展个人对世界意义之形成，达到自我实现的最高境界[2]。

（二）人本主义理论的基本观点

人本主义理论肯定了人的情绪和情感的重要性，坚持应该追求"完整

---

[1] 杨秋. 博物馆教育的时代建构模式[N]. 中国文物报，2017-08-29（6）.
[2] 刘宣文. 人本主义学习理论述评[J]. 浙江师范大学学报：社会科学版，2002，27（1）：4.

的人",重视对学生潜能的开发,促进学生自我价值的实现。人本主义的课程观主张学术性课程和情感课程统一以求得学生整体和谐的发展。人本主义反对把学生视为"受本能支配的低能、弱智的生物",也反对把学生看作较大的"实验白鼠"[1]。人文主义提出了教学中要重视学生、尊重学生的教学观,提出了"非指导性教学"的教学方法,教学中采用暗示、非命令的引导,教师主要是为学生提供学习资料,激发学生的求知欲、胜任力等内在需求,为学生营造轻松、愉快的学习氛围。人本主义提出了有意义的自由学习观,将学习分为有意义和无意义两种方式。无意义的学习仅仅涉及经验累积和知识增长,与情感和理智无关,学习吃力且容易遗忘[2]。有意义的学习是指一种涉及学习者自身,使个人的行为、态度、个性以及在未来选择行动反应时发生重大变化的学习,它与学习者各种经验融合在一起,使个体全身心投入学习中去。人本主义又提出了良好的师生关系是教学发展的关键。教师应该坦诚对待学生,真实表达自己的想法,这样学生才能真正信任老师。教师对待每位学生应该无条件地接纳,有教无类,扬善救失,相信每位学生都可以实现自我价值。同时,教师要能够换位思考,从学生的角度看问题,理解学生的难处,获得学生的信任,其目的就是要解开学生的精神束缚,让学生体验学习的乐趣,在相对宽松的环境中发展自我。人本主义还提出换位评价,鼓励学生自我进行个体内差异性评价,学习是一个长期的过程,学生身在其中,应重视自我目标的设定,进行自我评价。

具体来讲,就是教师为学生创造一种适合学习的环境,帮助学生明确学习目标和内容,安排适当的学习活动和学习材料,并帮助学生发现所学知识的个人意义,建立并维持能促进学生学习的心理氛围。

---

[1] 邵明莉. 人本主义教育理论视角下的高中地理教学设计[D]. 曲阜:曲阜师范大学,2013.
[2] 孙婷. 浅析人本主义教育思想对中学地理教学的影响[D]. 大连:辽宁师范大学,2008.

三、合作学习理论

（一）合作学习理论概述

合作学习20世纪70年代初兴起于美国，20世纪70年代中期至80年代中期取得了实质性发展，是一种富有创意和实效的教学理论与策略。由于它在改善课堂氛围、提高学业成绩、促进学生良好品质的形成等方面实效显著，很快引起了世界各国的关注，并成为当代主流教学理论与策略之一，被人们誉为"近十几年来最重要和最成功的教学改革"。自20世纪80年代末、90年代初开始，我国也出现了合作学习的研究与实验，并取得了较好的效果[①]。《国务院关于基础教育改革与发展的决定》中提及并倡导合作学习，指出"鼓励合作学习，促进学生之间相互交流、共同发展，促进师生教学相长"。但令人遗憾的是，虽然合作学习在国外盛行多年，但我国合作学习的系统研究与实践却起步较晚，且理论研究滞后，普及程度不高，不少教育工作者至今对其教学理论和方法还缺乏全面的认识。

（二）合作学习理论的基本观点

综观世界各国教育专家对合作学习概念的认识，合作学习涉及以下5个方面的内容：一是以小组活动为主体进行的一种教学活动；二是一种同伴之间的合作互助活动；三是一种目标导向活动；四是以各个小组在达成目标过程中的总体成绩作为奖励依据；五是由教师分配学习任务和控制教学进程。

合作学习倡导在教学过程中树立以学生为中心的教育观念。合作学习鼓励学生在学习过程中相互交流，以小组为教学单位互动，最大限度地利用小组合作开展教学活动以提高学习效益。其核心是为了共同的学习目标，让不同水平层次的学生以小组或团体的形式相互交流、合作和沟通，从而培养学生的团队合作精神，为学生的全面发展奠定坚实基础。合作学习理论有助于改变传统教学中师生之间单向的交流模式，形成师与生、生与生之间全方位、多层次、多角度的交流模式。在合作学习过程中，小组成员

---

① 陈琦，刘儒德. 当代教育心理学[M]. 北京：北京师范大学出版社，2007.

相互学习，相互帮助，取长补短，减少了因学习成绩或能力带来的负面影响。与此同时，借助合作学习，每个小组成员在实践过程中的表现都能得到及时反馈和更正，减少了传统课堂教学中给学生带来的压力和紧张感，激发学生学习信息科技的兴趣，提高学生的信息素养。

当前，在教学中通常使用以下五种合作学习方式：一是问题式合作学习，是师生间互相提问、互为解答，既能答疑解难又能激发学生学习兴趣的一种合作学习形式。问题式合作学习包括师问生答、生问师答、生问生答，抢答式、知识竞赛式等多种形式。在实施过程中，应注意根据学生的学习心理特征设置问题。二是表演式合作学习，即通过表演的形式，激发学生的学习兴趣，培养学生自主探究的学习品质，或作为课堂的小结形式，检验学生对所学知识的理解。三是讨论式合作学习，即让学生对某一内容进行讨论，在讨论的过程中实施自我教育，以达成教学目标。四是论文式合作学习，是指教师带领学生开展社会调查实践，并指导学生以论文的形式汇报社会实践的结果。五是学科式合作学习，是指将几门学科联合起来开展合作学习，当前流行的 STEAM 教育模式就是学科式合作学习的典型。

四、ICS 教学模式新观念

时代在发展，社会在进步，教育也要随之改革。以往的教学观念已不能满足当今课堂的需求，教师需要抓住机遇不断地研究；学生需要不断地努力与配合；教育的观念也需要不断更新。新课程标准强调必须端正教育思想，转变教育观念。和以往相比，新课标在如何看待知识、学生、学习、教学等方面都发生了重大的转变。ICS 教学模式是基于新知识观、新学生观、新学习观和新教学观的一种新型的教学模式。

（一）新知识观

传统的知识观是建立在客观主义基础上的，认为知识是客观的、不容置疑的和固定不变的。对于学生而言，他们的任务就是接受、存储前人已经"发现"的知识。在传统知识观的指导下，学校教育必然会出现以教材为中心、以教师为中心、死记硬背等不良现象。

新知识观坚持实践的观点，并结合当代哲学、心理学、教育学和复杂科学等多个学科的研究成果，认为知识属于人的认识范畴，是人在社会实践中形成并得到检验的。换句话说，无论是新知识的获得还是现有知识的掌握，都离不开人的积极参与，离不开认识主体的活动。ICS教学模式认为学生学习知识的过程，实质上是一种探究、选择和创造的过程，也是学生的科学精神、创新精神、乃至世界观逐步形成的过程。因此，ICS教学模式在师生关系、教与学的方法等方面都发生了重大变革，强调教师要引导学生质疑、调查和探究，在实践中学习，在探究中学习。对于学生来说，最重要的不再是接受和存储知识，而是学会学习，学会探究，为终身学习奠定坚实的基础。

（二）新学生观

学生是教育工作的对象，如何看待学生，这是一个很重要的问题。ICS教学模式强调，学生不应简单地接受知识，而是教师学识、修养和人格的主体复制或迁移对象。

首先，学生是完整的人。教师必须重视学生的学习目的和已有观念。在日常生活和以往的学习中，学生已形成了丰富的经验，小到衣食住行，大到宇宙星体的运行，从自然现象到社会生活，都有自己的看法。有些问题即使还没有接触过，没有现成的经验，但一旦问题呈现在面前时，学生也可以基于相关的经验，依靠自身的认知能力形成对问题的某种解释。这种解释并不都是胡乱猜测，而是从他们的经验背景出发推出合乎逻辑的假设。学生在学习的过程中，现有的知识经验和观念起着非常重要作用。所以新学生观强调，把完整的生活世界展示给学生，让学生体验丰富的精神生活，给学生全面展现个性力量的时间和空间。

其次，学生具有独特性。独特性是个性的本质特征。由于经验背景的差异，学生对问题的理解常常存在差异，这些差异本身便构成了一种宝贵的学习资源。珍视学生的独特性和培养具有独特个性的人，应成为我们对待学生的基本观点。独特性也意味着差异性，教师不仅要认识到学生的差异性，还要尊重学生的差异性，看到不同想法所具有的特殊价值，增进学生之间的合作，从而促进学习的进步。教师要把学生的这种独特性视为一种财富而珍惜开发，使每个学生在原有基础上都得到完全、自由的发展。

最后，学生具有可塑性。学生是具有发展潜能和发展需要的人。从积极的意义上理解，这种可塑性是指学生身上具有巨大的潜能，存在着广阔的发展空间。教育就是要最大限度地激发学生的创造潜能，促进每一个学生充分发展，对社会、对人类做出积极的贡献。

（三）新学习观

英国教授、咨询家查尔斯·汉迪在《非理性时代》中指出，我们的教育需要被再发明，学习必须贯穿于人的一生，要彻底地重新考虑我们的学习方法等，提出了新学习观。ICS 教学模式强调要树立终身学习的理念，要积极主动地学习、在互动交流中学习和在特定的情境中学习。

首先，要树立终身学习的理念。早在 2500 多年前，孔子这样总结他的一生："吾十有五而志于学，三十而立，四十而不惑，五十而知天命，六十而耳顺，七十而从心所欲，不逾矩。"充分反映了他"学而不厌"的思想，赋予了"终身学习"的深刻含义。一个人从幼年、少年、青年、中年直至老年，学习将伴随人的整个生活历程并影响人一生的发展。这是不断发展变化的客观世界对我们提出的要求。学习的作用不仅仅是掌握某些知识和技能，还使人聪慧文明，使人高尚完美，使人全面发展。当今时代，世界在飞速变化，新情况、新问题层出不穷，知识更新的速度不断加快。无论一个人、一个团体，还是一个民族、一个社会，只有不断学习，才能获得新知，增长才干，跟上时代的步伐。人们要适应不断发展变化的客观世界，就必须把学习从单纯的求知变为一种生活方式，努力做到活到老、学到老，做到终身学习。

联合国教科文组织国际教育发展委员会在 1792 年的报告书中提出："每一个人必须终身持续不断地学习，终身教育是学习化社会的基石。"[①]终身学习理念是由终身教育思想及其理论发展而来的。通过两者的整合，显示出：一是强调教育的核心是学习，人是学习的主体，从而突出了以人为本。二是立足于学习，以终身性、主动性、创造性的学习为教育的最高境界。三是建立学习型社会，创造终身学习的社会条件和氛围。终身学习能克服工作中的困难，解决工作中的新问题；能满足我们生存和发展的需要；能使人得到更大的发展空间，更好地实现自身价值；能充实人的精神生活，不断提高生活品质。

其次，要具有主动学习的精神。"主动"一词在《现代汉语词典》的解释是"不待外力推动而行动，跟被动相对"，是内在动力的外在表现。主动学习是指个体根据一定的目的，在主体意识的积极配合下探索的活动。所谓"主动学习"是指学生在主体的支配下，自觉自愿地学习。学生出于自己的需求、思想和情感，主动地学习和思考，必能吸收有益的东西。

学习是由学习者基于自己的经验背景建构知识的过程，并非纯粹地由教师向学生传递知识的过程。因此，学生是主动的信息构建者，不是被动的刺激接受者，要对外部信息做主动的选择和加工。学生的主体地位是由从事主动学习这种实践活动本身决定的。学习者需要对知识进行分析、综合、评价和灵活运用，解决具有一定复杂性和不确定性的问题。解决问题的方案通常是多元化的，评价方案也是多元的。总之，需要学习者综合、重组、转换、改造头脑中已有的知识经验，来解释新信息、新事物、新现象以及解决新问题等。

再次，积极参与互动性学习。所谓互动性学习，就是学生要有广泛的参与意识，成为学习的主角，学习积极性得到充分体现。学习是通过某种社会文化的参与内化相关的知识与技能，形成某种思维和价值观的过程。这一过程通常需要通过一个学习共同体的合作互动来完成。学习共同体是由学习者及助学者（包括教师专家、辅导者等）共同构成的团体，他们经常在学习过程中进行沟通交流，共享各种学习资源，共同完成一定的学习任务，因而在成员之间形成相互影响相互促进的人际联系，形成一定的规

---

① 联合国教科文组织国际教育发展委员会.学会生存——教育世界的今天和明天[M].北京教育科学出版社，1996.

范和文化[①]。

　　ICS课堂教学模式提倡小组合作学习。在小组学习中，教师以引导者、组织者的角色参与其中。小组学习前，教师创设情境，组织互动学习活动；小组学习时，教师深入每个小组指导学生进行有效的指导和交流，或仔细观察每个小组的合作学习情况，或及时表扬有效合作的小组，从而激发小组合作的学习热情。小组学习结束后，教师组织各个小组展示学习成果，及时查漏补缺和反馈。在这个过程中，每个学生都有明确的学习任务，有独立自觉的学习欲望和相互交流的机会，最大限度地扩大了参与面，充分发挥了师生间、生生间相互交流、合作探究的能力。

　　最后，要重视在特定的情境中学习。在情境中学习是指在学习过程中，为了达成教学目标，教师根据学生身心发展特点，创设具有学习背景和学习活动条件的学习环境，是师生主动积极建构的学习氛围、能引起学生学习积极性的过程。

　　杜威的实用主义哲学思想被应用在教育领域，他认为真正的理解是与事物怎样运作和事情怎样做相关的，真正的理解在本质上必然是跟动作相联系的。在情境中学习旨在将所学知识用于生活实践中，体现其学习目的的实用性。在学习过程中，教师通过呈现不同情境，使学生真正理解其内涵与外延，从而掌握其基本理论与运用规则，进而达到最佳的学习效果，使学生终生受用。

　　知识存在于具体的、具有情境的、可感知的活动之中，不是一套独立于情境的知识符号，它只有通过实际的活动才能真正被人所理解。个体的学习应该与情境化的社会实践活动联系在一起。学习者通过对某种社会实践活动的参与而逐步掌握与之相关的社会规则、工作和活动程序等，形成相应的知识。良好的情境能激发思维的动机，抽象的、枯燥的、令人生畏的学科，也会因此而变得有趣。ICS教学模式关注学生的情感体验，认为学习过程应该是一种愉悦的情绪生活和积极的情感体验。学生对所发现的问题产生兴趣、积极探究、主动参与，并在参与过程中获得生命的情感体验。

---

① 张建伟，孙燕青. 建构性学习：学习科学的整合性探索[M]. 上海：上海教育出版社，2005.

（四）新教学观

新教学观体现了从接受知识转变为重综合探究能力，从认知性转变为体验性，从决定性转变为交互性的过程。新课程改革对教学做出了新的要求，提出了新的教学观，其最核心的思想是让学生通过解决问题来学习，这也是 ICS 教学模式的核心所在。新教学观在教学的目的、教学的方式和过程等方面都发生了巨大的变化。

教学活动作为一种与人的生存状态和生活方式密切相关的社会实践活动，本质上是一个不断引导学生从现实生活走向可能生活的动态生成过程[①]。教学活动的目的是促进学生全面、和谐、主动地发展。新课程改革目标指出要"改变课程过于注重传授知识的倾向，强调形成积极主动的学习态度，使获得基础知识与基本技能的过程同时成为学会学习与形成正确价值观的过程"。此目标要求教学过程与学生的认知情感统一起来。在教学过程中，应突出教学的育人价值，关注学生的情感态度、学习方式与价值观的形成，也要考虑选择怎样的教学方式能使学生在获得知识与技能的同时得到全面发展。情感态度与价值观是课堂教学应达成的重要目标，而知识技能则是达成该目标的载体。这里的情感不仅指学习情感、情绪体验，也包括个人内在的情感品质；态度也不仅指学习态度，还包括生活态度、科学态度、人际交往态度等各个方面。教师在充分认识到知识技能、情感态度与价值观统一的基础上，还必须重视学生这些方面的发展应该是主动的，这种主动发展是开放的、生成的动态过程，是靠学生与各种外界环境、活动相互作用实现的。这种关系与活动主要体现为师生关系、生生关系及教学活动。

教学方式以合作探究为主。有人（Hiebert, et al., 1996）曾提出教学与课程的一条原则：让学生就学科内容形成问题。也就是说，让学生具有对知识的好奇，想知道"事情为什么是这样的"，然后去探索，去寻找答案，消除认知上的冲突，通过这种探究活动来建构对知识的理解。按照这种构想，在教学一开始，就应该向学生提出一些问题或者两难选择，以激发学

---

① 王攀峰. 论走向生活世界的教学目的观[J]. 教育研究，2007, 28（1）: 6.

生的兴趣，引发学生通过自主探究和反思生成知识建构，进行探究活动。所谓合作探究，就是指在师生平等的基础上，倡导师生间、生生间的全面合作。教师的角色已发生了很大变化，教师由教材的代言人、掌握知识的权威、课堂的掌控者转变为学生学习的引导者、探究活动的帮助者、课堂教学的组织者。

  教学是师生交往互动和共同发展的过程。在教学中，交往互动存在于师生之间和生生之间，通过信息互动实现师生互动交流，从而达成共识、共享、共进，这也是教学相长的真谛。交往意味着教学不是教师教、学生学的机械相加，而是师生互教互学，彼此将形成一个真正的"学习共同体"。对教学而言，互动意味着对话、参与和相互建构，它不仅是一种教学活动方式，更是师生间的一种教育情境和精神氛围。对学生而言，互动意味着心态的开放、主体的凸现、个性的彰显和创造的解放。对教师而言，上课不只是传授知识，而是一起分享理解；上课不是无谓的牺牲和时光的耗费，而是生命活动、专业成长和自我实现的过程。这一切都意味着教师角色定位的转换，教师由教学中的主角转化为"平等中的首席"，从传统的知识传授者转化为学生学习发展的促进者。建立基于师生交往互动、共同发展的教学关系，是 ICS 教学模式的一项重要任务。

第二章
ICS 教学模式的应用

第一节 ICS 教学模式的背景与意义

一、ICS 教学模式的背景

(一) 学科核心素养的落地

当今世界的竞争,归根结底是人才的竞争。20 世纪中后期,世界上的主要发达国家、经合组织、欧盟、联合国教科文等国际组织为进一步增强竞争实力,提高人才素质,纷纷开展了核心素养的相关研究。2014 年,我国教育部印发了《关于全面深化课程改革落实立德树人根本任务的意见》,首次提出了"核心素养"。为落实立德树人的重要举措,教育部委托北京师范大学,联合国内高校近百位专家成立课题组,历时 3 年时间,于 2016 年 9 月 13 日正式发布了《中国学生发展核心素养》这一研究成果。这是中国教育事业的一个重要里程碑,中国学生发展核心素养主要是指学生应具备的,能够适应终身发展和社会发展需要的必备品格和关键能力[1]。以科学性、时代性和民族性为基本原则,以培养"全面发展的人"为核心,分为文化基础、自主发展、社会参与三个方面,综合表现为人文底蕴、科学精神、学会学习、健康生活、责任担当、实践创新六大素养,并在此基础上具体细化出人文积淀、理性思维、社会责任等十八个基本点[2]。"学生发展核心素养"体系是整体性、综合性的,是整个基础教育各学科共同抽象出的跨学科的共同素养[3]。简而言之,核心素养的目标在于培养全面发展的人;核心素养是集知识、技能、价值观等诸多方面的综合能力;核心素养不但是个人终身发展与社会发展的"必需品",也是提升国家软实力的必备品格与关键能力。

---

[1] 林崇德. 中国学生发展核心素养:深入回答"立什么德,树什么人"[J]. 人民教育,2016(19).
[2] 核心素养研究课题组. 中国学生发展核心素养[J]. 中国教育学刊,2016(10):1-3.
[3] 张允峥,刘建国. 浅析信息技术学科核心素养的构成[J]. 长春师范大学学报,2017,36(4):4.

2018年年初,教育部发布了普通高中学科课程标准(2017年版),明确地提出了"学科核心素养",将核心素养具体到不同的学科之中,明确了通过所有学科共同培养学生的核心素养。把核心素养落实到学科课程标准中,让学生通过特定学科的学习达成反映该学科特质的重要思维品质和关键能力。学科核心素养是学科育人价值的集中体现,是学生通过学科学习而逐步形成正确的价值观念、必备品格和关键能力。信息科技课程要培养的核心素养,主要包括信息意识、计算思维、数字化学习与创新、信息社会责任,是学生在中小学接受信息科技教育教学过程中逐步形成的与信息科技相关的知识与技能、过程与方法、情感态度与价值观的综合表现。这四个方面互相支持,互相渗透,共同促进学生数字素养与技能的提升[1]。具体内涵表述如下:

1. 信息意识

意识是个体对外界感觉、知觉以及对自身思想、记忆和情感觉察的组成[2]。信息意识是指个体对信息的敏感度和对信息价值的判断力[3]。具备信息意识的学生能够根据解决问题的需要,自觉、主动地寻求恰当的方式获取与处理信息;能够敏锐感觉到信息的变化,分析数据中所承载的信息,采用有效策略对信息来源的可靠性、内容的准确性、指向的目的性做出合理判断,对信息可能产生的影响进行预期分析,为解决问题提供参考;在合作解决问题的过程中,愿意与团队成员共享信息,实现信息的更大价值[4]。

---

[1] 教育部. 义务教育信息科技课程标准(2022年版)[M]. 北京:北京师范大学出版社,2022.
[2] Dennis Coon,John O.Mitterer. 心理学之旅[M]. 5版. 郑钢,等,译. 北京:中国轻工业出版社,2015:150.
[3] 教育部. 义务教育信息科技课程标准(2022年版)[M]. 北京:北京师范大学出版社,2022.
[4] 任友群,黄荣怀. 普通高中信息技术课程标准解读[M]. 北京:高等教育出版社,2020:40.

2. 计算思维

计算思维是指个体运用计算机科学领域的思想方法，在问题解决过程中涉及的抽象、分解、建模、算法设计等思维活动[1]。计算思维良好的学生，能够在信息活动中采用计算机处理的方式界定问题、抽象特征、建立结构模型、组织数据；通过分析、判断和综合各种信息数据资源，运用合理的算法设计解决问题的方案；总结利用计算机解决问题的过程与方法，并迁移到其他问题解决中。计算思维主要表现为：依据计算机解决问题的方法，将问题形式化；抽象问题特征，建立结构模型、对数据进行分析和组织；形成利用数字化工具自动解决问题的方案，通过迭代的方式进行优化和完善；对解决问题的方案进行系统化，并迁移至类似问题的解决中[2]。

3. 数字化学习与创新

学习与创新是现代信息社会的重要内容，是人与外在环境的关系活动。数字化学习与创新是指个体通过评估并选用常见的数字化资源与工具，有效地管理学习过程与学习资源，创造性地解决问题，从而完成学习任务，形成创新作品的能力[3]。数字化学习与创新是学会学习和实践创新的综合体现，一个人的数字化学习与创新能力直接关系到这个人在自主发展中的学习能力以及主动适应变化的能力。数字化学习与创新素养良好的学生，能够认识数字化学习环境的优势与不足，主动适应数字化环境，养成使用数字化工具学习与创新的习惯；掌握数字化学习系统、学习资源、学习工具的基本操作技能，用于开展自主学习、合作探究、交流分享与实践创新，为实现终身学习做好保障。

4. 信息社会责任

随着信息科技的发展和应用，人类已经迈入了信息社会形态。信息社

---

[1] 教育部. 义务教育信息科技课程标准（2022年版）[M]. 北京：北京师范大学出版社，2022.
[2] 任友群，黄荣怀. 普通高中信息技术课程标准解读[M]. 北京：高等教育出版社，2020.9：40.
[3] 任友群，黄荣怀. 普通高中信息技术课程标准解读[M]. 北京：高等教育出版社，2020.9：40.

会以电子信息技术为基础，以信息资源为基本发展资源，以信息服务性产业为基本社会产业，以网络化和数字化为基本社会交往方式。在信息社会中，虚拟空间与现实空间并存，人们在虚拟实践、交往的基础上，发展出了新型的社会经济形态、生活方式以及行为关系[①]。信息社会责任是指信息社会中的个体在文化修养、道德规范和行为自律等方面应尽的责任[②]。具有信息社会责任感的学生，信息安全意识和能力较强，能够遵守相关的信息法律法规，信守信息社会的道德与伦理准则，在现实空间和虚拟空间中遵守公共规范，既能有效维护信息活动中个人的合法权益，又能积极维护他人的合法权益和公共信息安全；关注信息科技革命所带来的环境问题与人文问题；对于信息科技创新所产生的新事物和新观念，具有积极学习的态度、理性的判断和负责的行动能力。

与信息科技学科核心素养的落地伴随而来的是课程内容和结构的较大变化，内容更加翔实，内涵愈加丰富。课程改革倡导的立德树人价值理念进一步深化，教师要在教学中紧紧围绕核心素养，在教学中践行以学生为中心、自主学习、合作探究、分享交流的理念。ICS教学模式正是在这种背景下应运而生的，是能有效落实信息科技学科核心素养的一种课堂教学模式。

（二）信息科技学科发展的需要

英特尔公司首席执行官克瑞格·贝瑞特博士在《给学科教师的信》中说，今天百分之六十的新工作都离不开基本的计算机技能，而这一比例将越来越高。信息科技已经成了我们生活中不可缺少的东西，生活、学习、工作都离不开它。基础教育信息科技课程已经成了学生了解信息知识、走进信息世界、打开信息科技视野的重要途径。信息科技课程不同于别的课程，它是一门与时代发展密切相关、与学生需求紧密相连、理论与实践并

[①] 李建会. 与善同行——当代科技前沿的伦理问题与价值抉择[M]. 北京：中国社会科学出版社，2013.

[②] 教育部. 普通高中信息技术课程标准（2017年版）[M]. 北京：人民教育出版社，2018.

重的课程。如何有效地开展教学才能提高学生的学科核心素养，成为众多一线教师面临的难题[①]。但令人遗憾的是，由于部分一线教师对信息科技教学的认识不足，将信息科技课堂变为模仿操作课，教学模式缺乏创新，教学方式单一，无法引起学生学习的兴趣。信息科技课堂教学模式亟待更新。

近年来，中小学信息科技教师开始践行各种新的教学方法，积极转变教学观念，已逐步摆脱传统说教式、演练式的教学模式。在信息科技教学中，通过实践化、生活化的教学设计，理论结合实践，能更好地体现信息科技课程的价值，满足新时代学生多样化的学习需求。任务驱动法、合作学习法、情境教学法和分层教学法都是很好的教学方法，每种方法都各有优势。ICS教学模式是将以上各种教学方法的优势集中起来，形成在新课程理念指导下全面培养学生信息科技学科核心素养的一种新型的教学模式。

（三）实现教育信息化的需要

随着信息化社会的不断发展，信息科技已被广泛应用于政治、经济、文化和人类生活的方方面面，并逐步改变着人类的工作、生活和学习方式，提升人类的生活品质。习近平总书记在致首届国际教育息化大会的贺信中指出要"通过教育信息化，逐步缩小区域、城乡数字差距，大力促进教育公平"[②]。在教育教学领域，从"三通两平台[③]"的建设到数字化校园的推进，再到"三全两高一大[④]"的发展目标，我国教育信息化的建设步伐正不断向前迈进。

教育信息化的发展离不开教育内容和教学模式的信息化。著名教育学者熊丙奇认为，"当前最严重的问题，是我们的教育内容、教育模式太陈旧，

---

① 林才英，赵杨. 翻转课堂与信息技术课程教学[J]. 中国教育技术装备，2013（21）80-81.
② 任友群，吴旻瑜. "十三五"贫困县域教育信息化的推进模式研究[J]. 中国电化教育，2017（1）：16-18.
③ "三通两平台"指宽带网络校校通、优质资源班班通、网络学习空间人人通"，建设教育资公共服务平台和教育管理公共服务平台。
④ "三全两高一大"即教学应用覆盖全体教师、学习应用覆盖全体适龄学生、数字校园建设覆盖全体学校，信息化应用水平和师生信息素养普遍提高，建成"互联网+教育"大平台。

这些不改变，引进新技术，只是形式上的现代化，对提高教育教学质量的作用并不大"①。现如今，教学方式、师生角色等都已发生了较大的变化。如何提高师生的信息素养已经成为信息科技学科要解决的首要问题。教育理论以及学习心理学研究的进一步深入对传统的教学模式、教学方法、教学内容、教学手段、教学评价正产生着深刻的影响。在它们的推动下，以学习者为中心的信息化教学模式正在快速发展。项目式、任务驱动式、支架式等教学模式应运而生。在ICS教学模式的课堂上，教师要提供丰富的学习资源，创设情境化的信息呈现方式，组织合作探究的学习方式和互动交流的分享模式。ICS教学模式的显著特征还包括资源多样化、教学个性化、学习自主化、活动合作化、管理自动化等。这些特点都有利于增强学生的学习兴趣和学习能力，提升学生的信息素养，帮助学生成为数字化时代的合格公民。

二、ICS教学模式的意义

比尔·盖茨在《未来之路》一书中写道："教育不单单是在教室里，在教师的监督下完成的事情。"互联网带给我们的不仅仅是计算机的联网，还有人类知识的联网，是人脑的延伸。在这样的时代背景下，教与学的方法、目标必然会发生巨大的变化。让学生的大脑成为创造的火炉，而不是装答案的容器，这是信息化社会对教育提出的迫切要求。

在信息科技课堂教学中应用ICS教学模式，有助于贯彻全新的教育理念，以教师为主导，以学生为主体，把"教师教"变为"学生学"，拓展教学区域，提倡合作探究型学习，让每个学生都能收获学习的乐趣，既关注学生现实生活，又着眼于学生的长远发展，让学生通过信息科技学习形成信息意识、计算思维、数字化学习与创新和信息社会责任四个方面的学科核心素养。

---

① 杨丽娟，王庆环.南京21所公办中小学试点使用电子书包[N].光明日报，2012-10-12（6）.

（一）树立全新的教学理念

现代教育强调以人为本，把理解人、尊重人、爱护人、提升和发展人贯穿于教育教学的全过程，以培养全面发展的人为核心。ICS 教学模式要求课堂教学从传统的以教师、教材为中心转变为以学生为中心、以学习为中心、以活动为中心、以实践为中心，倡导自主学习与合作探究，培养学生积极的学习兴趣和良好的学习习惯，使学生能积极主动地学习和发展。

学生在学习的过程中，离不开教师的引导和帮助。因此，教师教的方式对于学生学的效果有非常重要的影响。ICS 教学模式有助于教师转变教学理念，不断探索新的教学策略。如果教师的教学理念不改变，不管采用什么样的教学方法，最终都逃不出传统的模式，发挥不了 ICS 教学模式的积极作用。在教学理念转变的过程中，教师需要具备一定的创新意识，主动尝试新的教学模式，ICS 教学模式是一个很好的选择。希望广大教师能一起不断优化和改进教学方式，把握正确的教育发展方向，在符合学生身心发展规律的前提下，最大限度地提高教学质量。

（二）建构以学为中心的教与学关系

《普通高中信息技术课程标准（2017 年版）》强调要培育以学习为中心的教与学的关系，在问题解决的过程中提升信息素养，以学生为中心，从"教师教"变为"学生学"。目前，传统的以教师为主导的课堂教学模式已不能满足学生发展的需求，ICS 教学模式"以问题为主线"，"以学生为主体"，"以教师为主导"，努力打造高水平、高质量的高效课堂，把全面提升学生的核心素养放到了愈加重要的位置上，面向全体学生，面向每一位学生。教师必须颠覆传统的教育理念，坚持以学生为中心，通过独特的人格魅力和行之有效的教学方法最大限度地激发学生学习信息科技的积极性，从单一的"教师教"转变为以学生为中心的"学生学"，把"要我学"变为"我要学"。

教师由传统的知识传授者转变为引导者，由单一的知识传播者转变为学生学习的引导者。具体来说，教师应把知识性的"是什么"和"为什么"问题转化为实际的生活问题和情境，让学生用信息科技解决生活中的问题，探索用信息科技解决问题。学生使用教师提供的资源自主学习，可以培养自主学习能力和良好的学习习惯。教师由知识的讲授者变为教学活动的组织者、学生学习的引导者，教学方式和师生关系都发生了很大改变。

（三）倡导合作探究

信息科技是一门实用性很强的课程，具有很强的社会性。合作探究在信息科技教学中的成效尤为显著。合作探究是新课程改革所倡导的一种重要的新型学习方式。通过组织师生互动的教学活动，让学生在宽松的学习氛围中，从不同角度、以不同方式探究和思考问题，从而增强创新意识，激发创新潜能。

通过合作交流、各抒己见，小组成员共同分析、比较、判断、取长补短，相互促进，共同提高。合作探究的学习方式为学生提供了创造、创新的环境，让学生相互交流，活跃课堂气氛，在师生之间、生生之间形成自主探究和热烈讨论的氛围。这样做不仅可以让学习变得方便、快捷和高效，更重要的是通过讨论实现交流，相互促进，相互启发。合作交流中往往会迸发出一些与众不同的思路和观点，实现思想碰撞，产生智慧的火花，从而优化教育效果，培养学生的创新思维。

学会合作是时代的要求，强调合作探究学习是当前各国课程改革的共同趋势和要求。信息科技教学是师生互动、交流和共同发展的信息科技实践活动过程。在信息科技学习活动中，学生通过合作探究和分享交流活动，有了更多的表达和交流的机会。课堂上，坚持小组合作探究学习，有利于拓宽和丰富学生的思维，有利于学生学会与人交流，培养学生的合作学习能力。要把小组合作学习看作一种教学研究的手段或方法，真正认识到它的意义是培养学生充分的合作精神和合作能力，并要相信学生的学习能力与创新潜能[1]。

---

① 星福元. 自主，合作，探究，达标，总结[J]. 新课程（下），2013（1）：86-87.

第二节 ICS 教学模式的实施策略

一、自主学习（independent learning）策略

（一）自主学习概念

研究者由于理论立场、研究方法和手段不同，对自主学习概念的理解也不尽相同。其观点大致分为三类：

第一种观点认为自主学习是一种学习模式或学习方式。如余文森等认为自主学习是指学生自己主宰自己的学习，是与他主学习相对立的一种学习方式[1]。程晓堂认为自主学习有以下三方面的含义：一是学习者的态度、能力和学习策略等因素综合而成的一种主导学习的内在机制，是学习者指导和控制自己学习的能力；二是学习者对自己的学习目标、学习内容、学习方法以及使用学习材料的控制权，就是学习者对这些方面的自由选择的程度；三是一种模式，即学习者在总体教育目标的宏观调控下，在教师的指导下，根据自身条件和需要制订并完成具体学习目标的学习模式[2]。

第二种观点认为自主学习是一种主动的、建构性的学习，学生自己确定学习目标，监视、调控由目标和情境特征引导和约束的认知、动机和行为[3]。持相近观点的还有美国著名教育心理学家 Barry J.Zimmerman、Sebastian Bonner、Robert Kovach 等人。他们把自主学习定义为一种自我调节的学习过程。自我调节学习是指学习者为了保证学习成功、提高学习效果、达到学习目标，主动地运用与调控元认知、动机与行为的过程，自我调节的学习者在获得知识的过程中能自己确定学习目标，选择学习方法，监控学习过程，评价学习结果[4]。

---

[1] 余文森. 略谈主体性与自主学习[J]. 教育探索，2001（12）.
[2] 程晓堂. 论自主学习[J]. 学科教育，1995（6）.
[3] 庞维国. 自主学习学与教的原理和策略[M]. 上海：华东师范大学出版社，2003.
[4] Barry J.Zimmerma，Sebastian Bonner，Robert Kovach 等. 自我调节学习：实现自我效能的超越[M]. 姚梅林，徐守森，等，译. 北京：中国轻工业出版社，2002.

第三种观点以庞维国为代表，主张从纵向和横向两个维度来定义自主学习。从横向即学习的各个方面来定义，自主学习的动机是自我驱动的，内容是自我选择的，策略是自我调节的，时间是自我管理的，学生还能主动营造有利于学习的物质环境和社会环境，并能对学习结果做出自我判断和评价；从纵向即学习的整个过程来定义，自主学习是学习者能自定学习目标，自订学习计划，做好学习准备，在学习活动中能够对学习进展、学习方法实行自我监控、自我反馈、自我调节，对学习结果能进行自我检查、自我总结、自我评价和自我补救[1]。

综合以上观点，虽然各学者对自主学习的概念理解略有不同，但本质上是基本一致的。ICS教学模式自主学习更多强调学生的一种学习能力与习惯，学生能够主导、控制和调节自己学习行为的能力与习惯；同时也可以把它看作一种学习方式，一种由学生决定学习内容、学习方法、学习强度、学习结果评价的学习方式。

（二）自主学习实施原则

教师通过自主学习培养学生自主性的人格，培养学生自主学习的能力与习惯，培养出能学、乐学、善学的学习者，以改进教育现状，改变学生今后的生活和命运[2]。自主学习是21世纪对现代公民的基本要求，也是对基础教育培养人才的要求，更是对中小学信息科技课程教学的要求。在自主学习过程中，教师要做好学生的引导者、调控者和评价者，在教学过程中应注重导向原则，适时解难调控原则和认真组织检测评价原则。

注重导向原则。教师通过对教学过程的引导来改善教学已被证明是一种提高教学质量的有效途径，所以，在教学中教师要制订切实可行的教学目标，把握教学的方向，以克服自主学习过程中的盲目性。在引导时，教师应从学生自主发展的角度出发，随时关注学生的学习动态，做到随机应变，为学生学习当好向导。

---

[1] 庞维国. 自主学习学与教的原理和策略[M]. 上海：华东师范大学出版社，2003.
[2] 陈德松. 自主学习研究综述[J]. 浙江教育学院学报，2005（2）：21-25.

适时解难调控原则。学生在学习过程中难免会遇到一些因自身因素无法解答的疑问。当学生自主学习中遇到不能解决的问题时，教师要及时帮助学生解难，保护学生自主学习的信心。另外，在自主学习过程中，教师要注意及时调控，调控学习的时间和进度，提示学生思考的方向等，这些事情必须由教师当好引导者。

认真组织检测评价原则。通过教学评价，既可以对教师的教学进行评估，又能对学生的学习效果进行检测。学生在自主学习过程中也需要进行教学评价和反思，这会对学生的自主学习起到诊断作用，还能对教学进行指导性调节，在此基础上优化教师的教和学生的学。要注重评价主体的多样化，把教师评价、学生自评和学生互评结合起来。评价原则是立足于学生的长远发展，遵循科学性、指导性的原则，既要关注学生自主学习的结果，又要尊重学生在学习过程中的表现，特别是要立足于中小学信息科技课程的阶段性特征；多鼓励肯定学生，给予学生成长的空间；尊重学生的个体差异，满足学生个性化的学习需求。检测评价要重视过程，不能只要重视最后的结果。在学习的过程中，教师要用心观察每个学生的学习态度、学习兴趣、学习方式、学习方法和情感变化等。

（三）自主学习实施策略

正如著名哲学家黄克剑先生所言："自主学习使学生的学习由被动转为主动，这一转，转出了学生的无可推诿的主体责任心，也转出了先前可能处在压抑或非觉醒状态的那种自决、自断的智慧。"在教学的过程中，为了更好地培养学生的自主学习能力，教师要不断地更新自主学习的理念，创设自主学习的环境，激发学生的学习动力和兴趣，提供丰富的学习资源并且学会合理利用网络资源。

首先，要激发学生学习兴趣。兴趣是形成良好学习习惯与内在动力的源泉。中小学生在很大程度上是凭着兴趣学习的，一旦对学习产生兴趣，就会收到事半功倍的效果。学生只有对信息科技学科有着强烈的探索欲望，才能激发出自主学习的动力和创新潜能。教师通过直观的方法、生动的语言、形象的事例创设情境，可激发学生学习信息科技的兴趣。应注意挖掘每个学生的学习特点和个体发展规律,为不同学生针对性地制定目标和学习规划,使每位学生都能获得成功的体验,尤其是指导学生利用网络进行自主学习,培养学生自我探索、独立思考的学习习惯。

其次,要让学生树立终身学习的观念。自主学习能力是实现终身学习的基本保障,只有从思想上认识到了自主学习的重要性,才能更加有效地完成自主学习任务。教师也要更新理念,在教学过程中,应坚持以学生为本,激发学生独立思考和自主学习的动力。采用合适的教学方式,帮助学生培养自主学习意识和终身学习能力。在终身学习的时代背景下,教师不可能、也没有必要把浩如烟海且很快会过时的知识全部传授给学生,而是要帮助学生掌握学习的方法,特别是终身学习的方法。培养学生自主学习的基本素养是帮助学生持续发展的关键。

再次,要在教学中有意识地创设自主学习的环境氛围,引导学生独立解决问题,让学生逐渐"沉迷"于独立学习独立思考的情境中。要确立学生在课堂的主体地位,在学生陷入疑惑时稍加点拨,给予学生最大限度的自由,锻炼学生的自主学习能力和独立解决问题的能力。如果教师一直把持课堂,把控教学节奏,学生就只能跟着教师的脚步前行,无法成为学习的主人。随着我国经济的飞速发展,社会竞争日益激烈,不具备自主学习能力的人很容易在激烈竞争中被淘汰。教师要加强对学生自主学习能力的培养,这不仅是学生在校期间学好知识的需要,也是学生可持续发展的需要。

最后,为学生提供丰富的学习资源。在中小学信息科技教学中,提供与教学内容相关的学习资源给学生自主探究,可以让学生在建构知识的同时,进一步提升自主学习的能力。教师可以提供自制的资源,也可以在网络上搜索相关的视频、图片、课件、动画等资料,再根据自己的教学经验加以整理,提供给学生。互联网以其强大的资源存储向人们快捷地传递着各种信息,内容多,容量大,不仅可以拓宽学生的视野,提供丰富的学习资源和更广阔的学习空间,激发学生学习的积极性和主动性,还可以使学生在利用网络学习的过程中通过查找、筛选、比较、综合、分析,培养思维能力,为学生的自主学习提供有效途径。合理利用网络资源对培养学生的自主学习能力有重要的作用，对信息科技课程的学习尤其如此。

（四）自主学习教学案例

在《WPS 文字》的教学中，教师并不需要将所有的操作一个一个讲给学生，而是根据学生的学情制作学案，设计目标样例，在课堂的导入环节把目标样例展示给学生，让学生明确本节课要达到的具体目标。学生根据自己的基础自主确定学习目标，利用教师提供的学习资源自主学习，尝试达成目标。

在自主学习的过程中遇到困难时，有的同学查看学案，有的同学查阅教材，有的同学查看"帮助"文件，有的同学则寻求同伴的帮助。学生的学习积极性很高，很多学生在完成自己选择的层次目标之后，又向更高一级的层次目标迈进。学生的求知欲和积极性在此表现得淋漓尽致。学生在学习的过程中，不仅学到了技术，还学到了学习方法，在知识体系的建构过程中真正发挥了主体作用。

（五）自主学习实施注意事项

1. 关注自主学习的三个要素

在课堂上使用自主学习策略时，教师要认真考虑以下三个要素：一是要在学习过程中充分发挥学生的主观能动性，体现学生的首创精神；二是要让学生有多种机会在不同的情境下去应用他们所学的知识，让所学知识在解决问题的过程中外化；三是让学生根据反馈形成对客观事物的认识和解决实际问题的方案，实现自我反馈。以上三点，即发挥首创精神、将知识外化和实现自我反馈，是学生自主学习的三个要素。

2. 教师既不要过多干预，也不能完全放手

在中小学信息科技课堂教学中培养学生自主学习能力，要求教师准确定位，即在课堂教学中，教师作为引导者、帮助者，学生才是学习的主体。课堂上，教师要为学生提供自主学习的机会，需要将课堂的一些时间交给学生支配。在学生自主学习时，教师要尽可能少干扰。学生作为学习的主体，可以选择自主学习，也可以选择自主学习与小组合作相配合，以此来

更好地掌握所学内容。在整个教学过程中，教师需要明确学生的学习目标，需要科学引导学生分析问题和得到结论，以此来促进学生的积极主动性，增强其自主学习的欲望，确保学生信息素养的提升。

3. 利用教与学的最佳时机对学生进行培养

在中小学信息科技课堂教学过程中，教师的教与学生的学相辅相成，教师在实际教学过程中要把握时机，以此来提高课堂教学的效率。很多时候并不是教师乐教，学生就会乐学，所以应该掌握一定的时机，进行有效的课堂教学，即当学生对信息科技学习具有强烈兴趣及注意力最为集中的时候（每堂课可能就十几分钟左右），教师需要充分地运用适当的教学手段，以学生为中心，针对学生要掌握的重难点进行有效的分析，促使学生更好地理解信息科技相关知识，培养学生的自主学习能力。

二、合作探究（cooperation inquiry）策略

（一）合作探究概念

合作学习的倡导者认为："在课堂上，学生之间的关系比任何其他因素对学生学习的成绩、社会化和发展的影响都更强有力。但课堂上同伴相互作用的重要性往往被忽视。事实上，与同伴的社会相互作用是儿童身心发展和社会化赖以实现的基本关系。"[1]学习不仅是一种个体获得知识和发展能力的认识过程，而且是一种人与人之间的交往过程[2]。人正是在交往中，在与他人的互动中生活着，并通过交往学习着生存所需要的知识、技能、经验等，形成积极的人生观和主动的生存方式，发展人之为人的一切方面，获得人的本质[3]。

合作探究学习是学生在积极主动的参与下，在科学理论的指导下，根据自己的猜想或假设，运用科学的方法对问题进行研究，在研究的过程中获得创新能力、获得思维发展，构建知识体系的一种学习方式。合作探究

---

[1] 王坦. 论合作学习的基本理念[J]. 教育研究，2002（2）.
[2] 余文森. 论自主、合作、探究学习[J]. 教育研究，2004，25（11）：27-30+62.
[3] 蒲蕊. 师生交往在学校教育中的深层意义[J]. 教育研究，2002（2）.

学习有利于发展学生的主动性，有利于学生的个性发展，使人类群体的智力资源有效转化为个体智力资源。

ICS 教学模式的合作探究是学生以小组为单位，针对某一问题进行探究式学习，并在学习过程中以小组为评价的出发点和落脚点。合作探究使学生学会合作，学会学习，培养健康的社会情感，培养学生的创造精神，培养学生的可持续发展能力。这些品质都是学生发展所必需的，也是建成终身学习社会所必需的。

（二）合作探究实施原则

1. 目标性原则

在课堂教学中，教师采用的任何一种教学方式都是为实现一定的教学目标而服务的。运用合作探究方式教学，在开展合作探究活动之前，教师首先要明确任务目标。合作探究多以解决问题为核心任务。学源于思，思起于疑，问题是学习的动因，应贯穿于学习的始终。学生要在学习的过程中学会提出问题、分析问题和解决问题，只有这样，小组合作探究才有明确的目标和任务，避免虚假的表面合作，提高学生参与合作探究的积极性。

2. 平等性原则

在合作探究过程中要为学生创造一个平等参与的机会，实现组组有事做，人人有事干，使人人获得均等的合作机会，都能体验到成功的喜悦感。教师要想让学生积极参与到合作探究中，就要本着平等性原则。在开展合作学习前，教师应做好学情调查与分析，让每个小组成员都承担与其兴趣、能力相适应的任务，要使得小组内事事有人干，人人有事干，这样才能使每个人优势最大化，以获得最佳的总体效果。在课堂布置任务时要明确小组的共同目标，要让每一个小组都有事做，且经过努力都能达到目标。

在组建学习小组时应遵循组间同质、组内异质的原则，让每一小组中都有"各类人才"。教师若想提高学生的积极性，还要通过激励性评价，如表扬学生的创新性思维、赞扬学生的积极态度等，大大增强学生的自信心，鼓励学生积极学习，提高小组讨论的有效性与时效性。教师要让学生感受到尊重和理解，在平等、宽松的环境中敞开心扉，各抒己见。

3. 层次性原则

层次性原则是指课堂讨论要依照一定的知识规律与教学顺序展开，层层深入地指导学生的思维活动，以提高教学质量。不同学生的知识结构、理解能力是存在客观差异的。在合作的过程中，教师要考虑学生的个体差异，深入挖掘教材内容，找寻知识点之间的联系，逐步指导学生的合作探究活动，体现出层次性原则。教师可根据学生的实际情况制定由低到高、循序渐进、分类实施的探究目标。探究既要面向大多数学生，又要兼顾"两头"，做到因材施教，因人而异，各有所得。在设置合作探究问题时，要由浅入深，由易到难，由具体到抽象，循序渐进，步步深入。这有助于激发学生的学习积极性，使每个学生都能体验成功，从而促使每位学生都得到长足发展。

（三）合作探究实施策略

合作探究是时代提出的新要求，要做好合作探究学习，可以从以下四方面做起：第一，合理构建学习小组；第二，充分发挥教师的指导作用；第三，培养学生良好的合作意识；第四，建立有效评价机制。

1. 合理构建学习小组

实践证明，学生只有在一个有效组织、有效管理的团队里学习，人人都是管理者，人人都是被管理者，时时有竞争，时时有管理，时时有目标，事事有控制，事事有评价，小组学习才能真正高效。

根据每个班的实际情况来进行分组，遵循组间同质、组内异质的原则，每组 6~8 人，组内设常务组长 1 名，管理组内一切事务。同时，组内设立学科组长，负责课堂评价积分的填写等。小组成员首先要一起建设小组文化，包括设计组牌、组名、组歌和组训等。

学习小组的构建应注意以下四点：第一，每个学习小组内分为 AA、BB、CC 三层，科学划分，学习成绩均衡，便于各小组公平竞争，使每个小组成为班级学习的缩影。第二，合理搭配，让不同能力水平、思维方式、认知风格和兴趣特长的学生成为小组成员，达到能力互补、性别互补、性格互补。第三，每个小组都设计自己小组的名称、组训、组徽等。第四，学习小组长最好坐在三人中间，讨论时便于把人召集起来。

2. 充分发挥教师的指导作用

在小组合作探究实践中，教师仍是学生学习活动中发挥重要作用的组织者、引导者和评判者，因此必须重视并充分发挥教师在合作探究中的指导作用。一方面，教师应主动参与到每一个小组的探究活动中，有针对性地向各小组提出明确的要求，在观察小组学习情况的基础之上，对于那些没有认真参与小组合作学习的学生给予及时的指导点拨，帮助小组合作探究活动的顺利开展。另一方面，对于不同小组出现的不同问题需要使用不同的应对策略。总之，信息科技教师应主动改变教育理念，不断进行角色转变，将课堂主动权还给学生，进而真正走近学生，从而真正构建一个高效的学习共同体。

3. 培养学生良好的合作学习意识

教师要时刻培养学生的合作学习意识，进而提高小组合作探究学习的效率。教师应教会学生正确认识每一个成员对小组的重要意义，引导小组成员相互交流合作、互相帮助、共同促进。小组的发展需要每一个成员的共同努力，因此每一个学生都必须养成良好的团队合作精神和集体协作意识。当然，这种良好的合作意识并非一朝一夕就能形成的，需要教师在长期的教学实践中有意识地培养。

4. 建立有效评价机制

一方面，小组合作学习是通过集体协作促进学生在小组中努力学习进而取得良好学习效果的一种方式。另一方面，每个学生都希望自己在小组合作学习中获得他人的认可。因此，教师必须改变过去只鼓励个体竞争的评价反馈机制，将评价的重点转移到鼓励小组合作上来，将小组总体成果作为学习评价的主要依据，从而构建起"组内合作，组间竞争"的良好格局。同时，信息科技教师在进行评价时应充分考虑到学生之间的个体差异，对于每一个学生取得的成绩都要给予充分的肯定和认可，从而让每一个学生都可以体验到参与小组合作探究的快乐和成就感。科学的合作学习评价反馈机制有利于提高每一个小组成员的学习兴趣，同时培养良好的团队合作精神。

综上所述，小组合作学习是以小组为主要学习单位，最大限度地通过小组合作开展教学活动以提高学习效益的教学方法。在合作探究活动中，小组中每位学生都有明确的分工，对于培养和提高学生的创新能力、协作能力以及实践能力都具有十分重要的促进作用，不仅可以弥补传统信息科技教学中存在的不足，而且可以充分激发学生的主观能动性，最终提高学生的综合素质。

（四）合作探究教学案例

"学会共处，学会合作"是现代教育提出的新要求。师生之间、生生之间的合作探究交流，改变了以往学生被动的局面，增大了活动的自由度，有利于学生的个性化发展。

在执教《Photoshop 综合实践》一课时，教师先让学生明确本节课的教学目标——综合运用 Photoshop 基本知识设计班级的体育节主题海报，引导学生认识增强自身体质的重要性，弘扬体育精神。接着组织学生六人一组，分别承担不同任务。一名学生负责网络搜索素材，一名学生负责设计班级运动会口号，一名学生负责整体构图，一名学生负责合成作品，一名学生负责美化修饰，还有一名学生负责协调。各小组分工合作，用两节课的时间，创作出了丰富多彩的作品。

（五）合作探究实施注意事项

教师在使用合作探究时，需注意以下事项：首先，要明确合作探究的主体是学生；其次，要知道探究学习离不开教师指导；第三，要善于从问题或任务出发组织合作探究；第四，合作探究要遵循科学的方法。除此之外，尤其要注意合理分组对合作探究的重要性以及要避免合作探究有形式无实质。

合理分组对合作探究的开展尤为重要。教师在分组前要认真调查每个学生的个性和能力，并详细了解学生的信息科技基础、性格和习惯。再根据信息科技教学内容的需要对学生进行组间同质、组内异质的分组，保证每个小组同时具有优、良、中三种不同层次的学生。接着教师应指导组长对小组内部成员进行合理的分工，明确其组内职责，可以在一段时间后进行角色调换，从而使每一个学生都可以体验不同的职责，在增加互动的同时使其得到更多的锻炼。最后还要明确职责，开展小组合作探究的目的是使每一个学生都可以参与到信息科技的学习过程中，进而体验到发现、探索和成功的乐趣。

要避免合作探究有形式无实质，即学生在缺乏问题意识和交流欲望的背景下，应付式、被动式地进行合作，缺乏平等的沟通和交流，尤其是缺乏深层的交流和碰撞。部分学生只是机械地经历探究过程的程序和步骤，缺乏好奇心的驱使和思维的碰撞以及批判性的质疑，从而导致合作探究流于形式，变成没有作用的"空壳"。

在合作探究过程中，要以教师为指导，以学生为主体，遵循科学的方法，从问题或任务出发进行合作探究。这样学生不仅能获得知识，而且能培养探究和创新能力，增加情感体验。

三、分享交流（sharing interchange）策略

（一）分享交流概念

根据学习金字塔理论，学习最有效的方式就是教别人或者马上应用。分享交流就是一个输出的过程。学习最快的方式就是把别人教会，把别人都教会了，那么这套方法、理论也就掌握了。ICS 教学模式的分享交流即将自己所学到的信息科技分享给其他同学和老师，从而实现教学目标。与传统学习方式不同的是，分享交流模式注重分享，让学生成为课堂的主体。通过分享交流环节的实践，学生的自主学习能力、合作探究能力都得到了提升。在课堂上，要充分发挥教师主导，学生主体的作用。分享交流让学生真正参与课堂，成为课堂的主人，让学生乐学、会学。

ICS 教学模式的分享交流主张把课堂还给学生，把乐趣还给学生，把

权利还给学生，把同伴还给学生，把时空还给学生。课堂是学生的天地，学生能学会的要让学生先学；学生能教懂的，要让学生互教互学，把课堂的主动权留给学生，把课堂还给学生，通过创设情境、鼓励性评价和成功体验等，来激发、调动和维护学生学习的兴趣和积极性，把乐趣还给学生。在课堂上，学生有求知权和活动权，教师应当充分尊重学生的权利，把权利还给学生。注重师生之间、学生之间的交往与合作。通过小组学习，让学生在生生交流与合作中获得知识，学会学习，学会合作，学会分享经验、思考与智慧，考虑同伴的感受，把同伴还给学生。把时空还给学生，一是时间上教师不能讲得太多，二是空间上要给学生留足思考的余地。

（二）分享交流实施原则

分享交流环节不仅能帮助学生回顾操作流程，梳理提升经验，在全班进行经验分享，还能进一步激发学生探索的兴趣，助推学生合作探究能力的提升。在分享交流环节中要遵循需要性原则、适度性原则和主体性原则，以提升分享交流的质量。

1. 需要性原则

分享交流是学生把自己或小组的学习成果积极主动分享给老师和其他同学的过程，不仅可以锻炼表达能力、团队领导力，而且可以增强自信心，激发合作精神和竞争意识，得到全面发展。然而，教师需要注意的是，并不是每一个知识点都需要进行分享交流。一般说来，基础知识学生只需要通过自主学习进行认知即可。应用性、分析性和综合性较强的学习内容在学生完成合作探究后可安排分享交流环节，通过分享交流使学生获得较大的提高。

2. 适度性原则

适度性原则是指分享交流内容难度要适中，容量要合理，不能超出学生的接受范围。这就要求教学目标的设定要难度适中，既不能过高也不能过低；所分享问题的容量既不能太多也不能太少。目标过高，容量太多，会使学生不能在规定时间内完成分享，不利于学生积极性的提高与自信心的培养，容易造成学生情绪低落；目标过低，容量过小，不利于学生的思维发展，分享无法深入，浪费时间，不利于教学效率与质量的提高。所以，在确定分享问题时，要遵循适度性原则，选择适合学生认知特点与教学要求的问题，以提高课堂分享交流的时效性，突出学生的主体地位，提高课堂效率。

3. 主体性原则

主体性原则是指以学生为学习的主体，依据学生的需要与认知水平设置分享交流问题，根据学生的认知特点设计教学方法和手段，以突出学生的主体地位。分享交流的组织实施要从学生的角度出发，体现由教师本位向学生本位的转变。教师要充分调动学生学习的积极性和主动性，使学生最大限度地参与到分享交流活动中，让学生积极主动地学会、会学、乐学，从而使学生的知、情、意、行各方面素质获得全面提升，使每一个学生的潜能都得到进一步发展，使学生在发展中成为符合时代需要的、具有创新精神和实践能力的人才。

（三）分享交流实施策略

分享交流环节是学生思维碰撞、经验辐射、表达情感、分享快乐的过程。它有利于在个体建构的基础上实现共同建构，可以调动学生学习的主动性、积极性，提升学生语言表达能力以及培养学生的领导力。教师要在以生为本的基础上，不断提升学生的演讲演示、分析判断能力，运用合理的互动策略，把握好每一次分享交流的机会，提升活动的有效性。

1. 制订分享交流规则

分享交流对学生的综合素质要求较高，学生一开始不容易掌握。教师要制定相应的规则，以降低学生分享交流的难度。如小组或小组代表（两到三名学生）在分享交流前要说："下面由我们组给大家演示……"接着开始演示操作，一定要做到边演示边讲解，也可以由一名学生演示，另一名学生讲解。在演示过程中，其他小组同学要认真倾听。演示结束后要说："我们组的演示结束，请问大家还有什么补充或质疑吗？"这时由其他小组进行补充或者质疑，分享小组负责解答疑问。如果分享小组暂时无法解答，可以请其他小组同学或老师来解答。

2. 合理安排分享交流内容

分享交流是学生主体的分享活动，通过交流、争论、质疑、点拨等师生间、生生间深层次的交流，分享经验、思考与智慧，使学生学习的主动性、思维的能动性、实践的主体性、独立运用知识的能力得到充分展现。为了使分享交流取得良好效果，教师需要从学科问题出发，合理设计分享交流的内容。并不是所有的内容都适合分享交流，教师要对教材进行整合，要多去发现问题，自主开发教学资源，比如，从生活中寻找适合分享交流的课堂教学资源。ICS 教学模式的交流分享是在学生自主学习、合作探究的基础上进行的，分享是以小组的形式进行讲解、展示、交流，其他同学和教师进行补充。经过展示环节，教师可以发现教学中的难点问题，并对难点问题进行有针对性的指导。

（四）分享交流教学案例

分享交流是一种综合性行为，也是社会性行为的一个重要方面。通过有目的的分享交流活动，可以逐步帮学生形成自发的分享交流习惯，让学生充分体验分享带来的快乐满足感以及人与人之间的温暖和爱。分享交流教学方式一般不会独立存在，它总是与自主学习或合作探究相互协作来完成教学任务。

在教学《WPS 文字的综合活动》一课时，教师设置了"小组组牌推介"的活动，每个小组六人在组长的组织分工下合作设计完成制作任务，再将小组组牌分享给全班同学，介绍制作过程、设计创意等。重点对本组的组牌进行推介，争取更多的票数。所有小组分享结束后全班投票，选出最优秀的三个组牌。

"小组组牌推介"的过程就是学生分享本组组牌特色和创意的过程。

最后,"阳光组"的组牌被评为优秀,他们的组牌布局合理,色彩搭配协调美观,还特别设计了阳光图样的组徽,他们为自己小组制定的口号是"与其执着过去,不如握紧当下",表明他们惜时如金、全力拼搏的奋斗精神。

(五)分享交流实施注意事项

第一,要重视学生的个体差异。不同班级、不同学生存在着个体差异,在分享交流阶段,性格内向的学生参与度并不高,看似参与其实没有真正分享自己的想法;性格活跃的学生又极容易被知识点之外的话题带走,自我约束能力不强。最后只有部分很自律、成绩较好的学生参与其中。

第二,要把握好预设与生成的关系。预设过度,会挤占生成的时空。表面看教学有条不紊、井然有序,实质上是以教学为中心、知识本位教学观的体现。这种教学由于缺乏学生的独立思考、积极互动和个性化解读,学生只能获得表层甚至虚假的知识,这种知识缺乏活性,不能转化、内化为学生的智慧和品质,所以,这是低效的教学。生成过多必然影响既定目标的实现以及导致教学计划的落空,容易导致教学的随意性和低效化,使教学失去中心、失去方向,同时也会导致泛泛而谈,浅尝辄止,从而背离了生成的目的。

传统的教学方式严重影响了信息科技的教学效率,随着课程改革的不断深入,理性客观地反思过去,以科学研究的精神来分析当今课堂教学中的问题,深入进行课堂教学改革,优化课堂教学结构,在课堂教学形式的诸要素上进行改革探索,建构起自主、合作、探究、分享的ICS课堂教学模式,进而形成有效、高效的教学策略,解决耗时低效的问题,已成为当务之急。

四、情境教学策略

(一)情境教学概念

我国关于情境教学的概念有各种不同的描述。目前国内比较流行的是李吉林老师提出的:"情境教学是从'情'与'境'、'情'与'辞'、'情'

与'理'、'情'与'全面发展'的辩证关系，创设典型场景，激起儿童热烈的情绪，把感情活动与认知活动结合起来的一种教学模式。"钟启泉教授认为，"情境教学是创设含有真实事件或真实问题的情境，学生在探究事件或解决问题的过程中自主的理解知识，建构意义。这里的情境是基于现实世界的，是与现实世界一致或类似的"[①]。张新华老师认为，"情境教学是从教学的需要出发，教师依据教学目标创设以形象为主体，富有感情色彩的具体场景或者氛围，激发和吸引学生主动学习，达到最佳教学效果的一种教学方法"[②]。

ICS教学模式的情境，更多强调的是主线式情境，它是情境教学法的灵活应用，具有情境教学法的共性，又有自己的特征。它的特点是以某一具体人物、某一话题、某一段故事或真实问题为主线，贯穿整节课的教学，通过"一条主线"，设置一系列具有内在联系的任务探究链，引导学生合作探究获得新知，进而提升学生的信息素养。

（二）情境教学实施原则

情境教学法是指在教学过程中，教师有目的地引入或创设具有一定情绪色彩的以形象为主体的生动具体的场景，以引起学生一定的态度体验，从而帮助学生理解教材，并使学生心理机能得到发展的方法[③]。李吉林老师通过长期实践，总结出实施情境教学的五大原则：主动性原则、美感性原则、创造性原则、教育性原则和实践性原则[④]。

主动性原则是指通过实施情境教学，促使教学过程变成一种能引起学生的兴趣、积极主动进行探究活动。美感性原则是指用美的教学语言创设美的情境，联系学生生活经验，激发学生的美感，用联想、想象把学生带入美的境界。创造性原则是指在特定的情境中，着眼于学生的创造性，有意识地提高学生的悟性，培养创造性人才。教育性原则是指通过情境渗透

---

① 钟启泉. 课程与教学论[M]. 广州：广东高等教育出版社，1999.
② 张新华. 关于在课堂多媒体网络环境下的情境创设[J]. 电化教育研究，2001（5）.
③ 米俊魁. 情境教学法理论探讨[J]. 教育研究与实验，1990（3）：5.
④ 李吉林，李吉林. 情境教学五原则[J]. 教育观察，2013，2（27）：1.

教学生学会做人，使学生富有同情心、责任心，主动关心他人，乐于帮助他人。实践性原则包含三方面内容：一是社会的实践；二是课堂的模拟实践；三是以应用为目的的学科实践。总之，情境教学致力于让学生在动中学、趣中学、做中学、乐中学。

（三）情境教学实施策略

信息科技是一门理论与实践并重的学科，为了使课堂教学变得有趣、生动、形象，有必要根据信息科技教学内容的特点创设教学情境，激发学生的学习兴趣，充分调动学生的积极性和主动性，使学生在特定的情境下学习信息科技。情境化教学实施策略主要包括创设真实情境、虚拟情境、问题情境、游戏情境和故事情境等。每种情境都各有特点，在教学过程中，教师可根据教学内容、教学目标和学情创设合适的情境，增强学生的学习兴趣，提升学习效果。

所谓真实性情境，就是将现实社会中真实存在的情境作为教学实例。真实情境有利于培养学生的观察力和感受力。学生在真实情境中可以更快地进入学习氛围，更能体现真实情境的优势。在日常教学中，可设计与学生的实际生活密切相关的真实教学情境，让学生体验到学习的实际价值，更有利于学生积极主动地去探索并解决实际问题。

在实际的教学过程中，有些内容很难创设真实情境，这时就需要借助虚拟情境。虚拟性情境类似于角色扮演的方式，即教师创设一个虚拟的教学环境，引导学生在其中扮演不同的角色，以此来体验所要学习知识、技术和思维的过程。现如今，随着虚拟现实（Virtual Reality）技术不断发展，其模拟环境的真实性与现实世界真假难辨，让人有身临其境的感觉。

问题情境也是教师在教学中经常用到的一种策略。人的思维总是从发现问题开始，并在探究问题的过程中得以发展，最后以解决问题而提升。这里说的问题情境，是指教师有意创设一个基于问题的教学环境，引导学生主动参与，激发学生的学习积极性，使每个学生都能得到充分发展。在中小学信息科技学科教学过程中，要善于利用问题情境培养学生的问题意识，使学生逐步养成发现问题、探究问题、解决问题的良好习惯。

弗洛伊德说："游戏是由愉快原则促动的，他是满足的源泉。"把信息科技教学游戏化，能满足学生好动、好玩的心理，使其保持稳定持久的注意力，学习效率也会变高，还可以将竞争与游戏结合起来，最大限度地激发学生的学习兴趣，调动其学习的积极性，增强克服困难的勇气，让学生充分享受成功的喜悦。在教学中大胆引入游戏，既能活跃课堂气氛，又能激发学生主体参与的积极性，让学生一边玩一边学。

故事情境是指教师用一些学生感兴趣的故事、传说、动画或笑话等作为情境材料，吸引学生的注意力，激发学生的学习兴趣，让学生产生学习信息科技的欲望，明确学习任务。中小学信息科技课程中可以用故事来创设情境的内容有很多，利用有趣的小故事不但可以提升课堂气氛，还可以培养学生的情商，有些小故事中蕴藏着大道理，让学生在故事中受到教育，有些故事甚至可以让学生受益终身。

（四）情境教学案例

以《图片的艺术处理》一课为例，该课的主要内容是使用 PhotoShop 软件进行图片的处理。如果一味使用教师讲学生听，或是教师演示学生模仿的方式，很难激发学生的兴趣。在教学的导入环节，教师可设置真实问题的情境，将现实生活中的实际问题与本节课的教学内容紧密联系在一起。本节课在舒缓的音乐声中展开，教师为学生展示多张当地城市的魅力风景图。学生欣赏这些美景，并在欣赏结束后说说它们美在哪里。由于图片都是学生熟悉的场景，一下子拉近了学生与课程的距离，给学生以熟悉感、亲切感。接着，教师请学生挑出自己最喜欢的两幅图片，对图片进行艺术处理。学生通过图片的前后对比，会产生全新的感受，对图片的艺术处理产生浓厚的兴趣。

除了可以用情境化的导入方式外，在课堂教学的各个环节都可以创设生活化的教学情境。在实践环节，教师要求学生选取自己感兴趣的两张城市风景图，并使用 PhotoShop 进行艺术处理。在整个教学过程中，最好使用主线式情境，以某一主题贯穿课程设计的各个环节。在真实的主线式情境教学环境下，学生更容易接受所学内容，并且乐意动手实践操作。因此，在中小学信息科技教学中,教师将问题以情境化方式呈现出来,可使学生积极参与其中,实现高效的课堂教学。

(五)情境教学实施注意事项

情境化是中小学信息科技教学中经常使用的一种教学方式,美国教育心理学家斯莱文认为在教学中设置合理的情境,能最大限度地激发学生的学习兴趣,提高课堂效率。教师可以根据教学内容和学情,创设与之相适宜的情境。在具体的实施过程中,应注意以下几点:第一,情境的创设应追求形式与内容的统一,不能太过复杂,以耗费大量的时间。第二,情境创设要与教学目标一致。应依据信息科技的教学目标和教学要求,把学生的注意力集中到学习内容上,不能脱离目标凭空设计。第三,情境创设要注重激发学生的求知欲望。第四,创设情境时应注重新旧知识间的连接。可以把"旧知识"与"新知识"联系起来,新知识是在原有的知识基础上获得的,是旧知识的发展与延伸。教师可复习与新知识有密切关系的旧知识,引导学生比较新旧知识间的异同。在这样的情境中,新知识便会迅速而牢固地与旧知识融合在一起。第五,情境的设计要新颖,带有悬念,还要丰富,精彩的语言也可以激发学生的好奇心和注意力。

第三节 ICS 教学模式的应用效果

一、实现信息科技的课程目标

核心素养是课程育人价值的集中体现，是学生通过课程学习逐步形成的正确价值观、必备品格和关键能力。信息科技课程要培养的核心素养，主要包括信息意识、计算思维、数字化学习与创新、信息社会责任。这四个方面互相支持，互相渗透，共同促进学生数字素养与技能的提升[1]。

中小学信息科技目标是培养学生学习和应用信息科技的初步能力和良好的信息素养，为学生后续学习乃至终身发展打下良好基础。通过信息科技课程的学习，学生应该具有主动学习信息科技的兴趣和对信息价值的敏感意识；掌握信息科技的基本知识，初步理解、运用计算思维和互联网思维分析解决问题；掌握应用信息科技获取、管理、加工、表达、交流与评价信息的技能与方法，并创造性地解决日常生活中的实际问题；建立对信息科技的科学认知态度、良好的操作习惯、健康的价值观和责任感，遵守信息社会相关的法律法规与伦理道德，具有基本的信息安全意识与防范常识。

在信息科技的教学实践中，使用 ICS 教学模式开展教学，有助于实现信息科技学科的课程目标，有效提升学生的信息素养，为学生的终身学习奠定良好的基础。ICS 的教学模式下实施的每节课，都是以某一情境贯穿课堂，以解决问题为抓手，通过界定问题，抽象问题特征，建立结构模型，合理组织数据；形成利用数字化工具自动解决问题的方案；总结利用计算机解决问题的过程和方法，并迁移到与之相关的其他问题解决中。

---

[1] 教育部. 义务教育信息科技课程标准（2022 年版）[M]. 北京：北京师范大学出版社，2022.

二、提升学生信息科技学科核心素养

核心素养是指学生应具备的，能够适应终身发展和社会发展需要的必备品格和关键能力，是知识技能、价值观、情感态度等多方面的综合体现，具体到信息科技学科核心素养，主要包括信息意识、计算思维、数字化学习与创新和信息责任四个方面。

在 ICS 教学模式的课堂教学中，都会创设与当前学习主题相关的、真实的教学情境，激发学生强烈的学习动机，唤醒内心的学习需求，引导学生带着真实的"任务"进入学习情境，使学生形成主动构建、自主学习的良性循环。一方面，创设教学情境，吸引学生的注意力，让学生聚焦教师的教学思路，以便提高学习效率。此外，通过问题情境激发学生思考探索，将理论知识运用到实践中来，培养学生信息科技学科核心素养。以《多媒体信息的加工与表达》一课为例，教师可以精心挑选一些优质幻灯片并将其制作成多媒体作品进行展示，学生欣赏并思考"什么是多媒体？一个优秀的多媒体作品具有哪些特点？多媒体作品的制作流程是怎样的？"等问题。ICS 教学模式还通过小组合作探究方式来开展交流讨论活动，教师按照组间同质、组内异质的原则将学生划分为多个学习小组，使得各个层次的学生都能够在相互合作中提升学习能力。

ICS 教学模式以学生为主体，课堂评价以学生发展为目标，依照多元化、公平性、激励性的原则，采用过程性评价和最终评价相结合的方式，在教学中坚持以学生自我评价、生生互评为主，教师评价为辅的原则，培养学生的评价能力，使学生有清楚的自我认识。在评价中注意学生个体差异，尊重学生的主动性和创造性，使学生获得成功的喜悦。激发学习潜能。尽可能客观公正地评价学生的学习成果，提升学生信息科技学科核心素养。

三、丰富教师的教学艺术

自夸美纽斯将"艺术"的桂冠授予了教育学之后，许多教育家都认为"教育既是一门科学，也是一门艺术"。优秀的教师一定要增强业务综合素质，提高教育教学能力，提高教学艺术水平。一个对课堂有较高驾驭水平的教师能熟练灵活地应对课堂中各种突发事件，能对学生进行科学合理的启发和引导，对课堂教学质量的提升、对学生创新能力的培养和科学思维能力的启发都有十分重要的意义。

用 ICS 教学模式授课的教师必须不断提高教师的教学艺术。教师不但要熟悉自己所教的课程，还要了解所教内容在整个课程体系中的作用，把握好本学科与其他相关学科的关系，这样就能从学生的现有知识水平开始，有效促进学生的智力发展。教师教导学生如何思考问题、发现问题、解决问题，帮助学生树立正确的人生观与价值观，激发学生的求知欲，促进每一个学生的全面发展。

ICS 教学模式要求教师语言简洁风趣。这样就能使自己的教育教学更具有艺术性，促成学生全面发展与综合素质的提高。教师在课堂教学中应注意教学气氛的调节。如果教师的语言简洁风趣，亲切和蔼，语调抑扬顿挫、轻重适当，学生就会在这种情感的感染下很快进入问题情境。反之，如果教师情绪失控，动辄发火，学生就会焦虑不安；如果教师没精打采，口授随便，那么学生也会情绪低落，心中的反应也只能是死水微澜。同时，教师的仪容仪表、举止等如果不合体，也会分散学生的注意力，影响课堂气氛。因此，教师必须加强修养，提高水平，这样才能激发课堂教学的活力，营造轻松的课堂氛围。

教师在 ICS 教学模式的课堂上要善于引导学生，激发学生学习的兴趣，维持学生的好奇心，增强学生主动学习的动力。要想高效培养学生的创造力和综合素质，课堂教学中就要进行"启发式"的教学。教师在课堂教学时，必须重点突出、主次分明，要注意创设多种教学情境，进行启发式提问，让学生在掌握基础知识的同时，又要给学生一定的思考、讨论时间，培养学生的发散性思维。这样才能激发学生浓厚的学习兴趣，增强他们探索新知识的欲望。

ICS 教学模式着力为学生营造良好的学习氛围和创设人人主动学习的环境。课堂提问时，教师要尽量照顾到尽可能多的学生。在展示交流环节，不能只请成绩好的学生，不然其他的学生会认为自己是被老师遗忘的。在提问的时候，教师要注意与学生的眼神对视与交流；当学生回答正确的时候，教师要给予肯定与赞扬，增强学生主动回答问题的积极性，增强学生的自信心；当学生回答错误时，也不要流露出失望的情绪，要微笑面对学生，给学生以鼓励，让学生明白积极回答问题也是一种勇气，以免下次学生怕回答错误而不再敢回答问题，不愿意自己独立思考问题，不敢提出自己的不同看法。

四、有益于学生的终身发展

教学生三年，要为学生想三十年，教师要促进学生终身学习，不断成长。ICS 教学模式的最终目的是培养全面发展的人，让学生学会学习，并具有合作探究精神、创新精神和批判质疑精神，提高学生用信息科技解决实际问题的能力。这些都是学生适应未来社会发展的必备品格和关键能力。

学会学习是学生自主发展的前提。引导学生"学会学习"，必须培养端正的学习态度。有了端正的学习态度，学生就能自觉主动地学习，对自身的成长和发展产生良好的作用。俗话说，态度决定一切。有什么态度，就会产生什么样的行为，从而决定不同的结果，学习亦是如此。ICS 教学模式充分发挥了学生的主体地位，使学生体会求知的快乐，遇到困难能够主动克服，有完成目标的决心和信念。

从客观上看，世界各国教育都在强调合作，人类今后所面临的问题越来越复杂，要解决这些问题，光靠个人力量已很难实现。ICS 教学模式重视培养学生的合作意识与合作能力。四到六人组成学习小组，如果想小组在班级中表现优异，就必须精诚合作，将个人融入小组集体中，以集体利益为出发点。要发挥学生的主体作用，充分利用集体智慧挖掘集体合作的力量。经过每节课的不断培养，学生的合作学习能力肯定会大大提高。ICS 教学模式能增强学生的交往能力，小组合作探究是同学之间互教互学、彼此交流知识的过程，也是互爱互助、相互沟通情感的过程。此过程促进了学生交往能力的提高，使学生既能"忘情"投入，又能规范、约束自己的课堂行为。掌握科学的学习方法和与人合作的技巧，养成良好的学习习惯，促进学生的健康发展。

释放学生的创新精神是教育的重要目的之一。创新精神是指具有能够综合运用已有的知识、信息、技能和方法，提出新方法、新观点的思维能力和进行发明创造、改革、革新的意志、信心、勇气和智慧。ICS 教学模式是伴随着喜悦与感动的探究发现过程，或是伴随着实际问题的解决过程。合作探究采用的是异质分组方式，每个学生的学习能力、学习兴趣、知识面宽度都不一致，因此在学习的过程中，学生间、师生间的互相启发、相互讨论，都会将思维引向一个新的领域，出现一些新的视角，提出一些值得争论的问题。可以肯定，这样一个知识不断生成、不断建构、具有创造性的过程，要比传授性教学更受学生欢迎，更有利于学生素质提高。

批判质疑是一种质疑和求证的能力，进行过批判性质疑训练的人在面对问题时不会轻易接受既有结论，而是会进一步对问题进行深入思考，评估问题的深度、广度以及逻辑性，从而得出自己的见解。批判性思维并不等同于标新立异，为了质疑而质疑，它的真正含义在于独立思考，不满足于轻松给自己一个答案。ICS 教学模式提倡在实践的过程中，尤其是在分享交流环节，鼓励学生对分享的内容提出自己的看法，对上台展示同学的观点进行补充或提出自己更好的解决方案，在潜移默化中培养学生的批判质疑精神。

第三章

ICS 教学模式中教师的角色定位与实现路径

第一节　ICS 教学模式对教师提出新要求

一、学生主体差异化对教师提出新要求

"圣人之道，粗精虽无二致，但其施教，则必因其材而笃焉。""因材施教"是对孔子教学实践中一条基本原则的准确概括。20 世纪，受西方差异化教学研究的影响，我国学者开始了对差异化教学的研究。华国栋教授的《差异教学论》对差异化教学做了较为全面的论述。华国栋教授认为，差异化教学是在班集体教学中立足学生的差异，满足学生的个别需要，以促进学生在原有基础上得到充分发展的教学[1]。姜智进一步丰富了差异化教学的内涵。他指出，差异化教学是在班级教学中，有效利用和照顾学生差异，在教学指导思想、目标、内容、方法策略、过程、评价等方面全方位实施有差异的教学，满足学生的不同学习需求，以促进学生在原有基础上得到充分发展[2]。

每个学生的性格、特点、优势、不足和已有的知识基础等都不同，这种主体差异性决定了教学要为学生提供个性化的定制服务，给学生足够的学习时间和空间，以期每个学生都能在原有的基础上得到最大程度的发展。差异化以其全新理念、实际效用成为信息科技教师提升学生综合素质的重要途径。在开展差异化教学之前，教师要提前做好准备，可以在教学的每个环节都融入差异化方案，注重引导学生，实现教学模式优化，提高学生学习效率，保证课堂教学质量。

差异化教学是在课堂教学中根据兴趣导向以及天赋差别的不同所组织的教学活动。用通俗的话来说，就是教师要从学生的实际情况、个体差异出发，进行有差别的教学，让每个学生都能扬长避短。其实也就是经常提到的，教师要因材施教。ICS 教学模式要求教师在自主学习、合作探究

---

[1] 华国栋. 差异教学论[M]. 北京：教育科学出版社，2001.
[2] 姜智，华国栋. "差异教学"实质刍议[J]. 中国教育学刊，2004（4）：54-57.

和分享交流三个阶段都要非常注重学生的个体差异，以期满足学生的个体差异化需求。

二、学习内容多样化对教师提出新要求

小学信息科技课程以"玩中学"为主要特征，让学生在丰富有趣、形式多样的活动中快乐学习，感受信息科技在学习、生活中的应用，认识信息科技的影响和作用，激发学生对信息科技学习的兴趣和主动应用信息科技的意识和能力。学习内容主要包括信息交流与分享、信息隐私与安全、在线学习与生活、数据与编码、身边的算法和过程与控制以及跨学科主题学习等内容。

初中信息科技课程以"用中学"为主要特征，以日常生活中信息科技的应用为主线，设计学生可参与或体验的"应用实践"，运用多媒体计算机与网络等信息科技解决日常生活、学习中的问题，加深对信息科技基本原理的认识，提高对计算思维、互联网思维的理解和内化能力，逐渐增强大众对信息科技的把握能力，自觉遵循信息社会的道德规范，提升信息素养，主要学习内容包括互联网与创新、物联网与探索、人工智能与智慧社会以及互联智能设计的跨学科主题学习。跨学科主题具体有向世界介绍我的学校、无人机互联表演、在线数字气象站、人工智能预测出行和未来智能场景畅想。

义务教育信息科技课程内容多样，涉及面广，要求教师以兴趣为起点，以活动为主线，以任务为驱动。小学阶段要注意将学生熟悉的活动作为学生学习的切入点，以富有趣味性和挑战性的任务引导其步入信息科技的殿堂；初中阶段则要以符合学生年龄特点和认知规律的实践探究任务为主线，引导学生对信息科技进行较深入的探究学习，要注意引导学生综合运用所学的信息科技知识与技能，做好与高中信息技术课程的衔接。

三、知识更新快速化对教师提出新要求

知识更新速度不断加快，对教育提出了新的要求，作为教育工作者来

说,是否已经调整好心态,是否具备了较高的素质,已经成为全社会和教师本身所关注的问题[①]。科学技术迅猛发展,新知识不断涌现,获取知识和信息的手段日益更新,教师要在教育观念、知识结构以及教学方法等方面适应新时代的形势;要不断丰富自己的知识更新观念,才能适应新时代的要求。教师应根据教学目标和学情灵活地运用各种方法和技巧组织课堂教学,积极开发和利用多种教学资源,掌握多种评价形式,正确评价学生在学习活动中的表现,发现和发展学生的潜能。倡导学生自主学习,合作探究,分享交流,帮助学生形成有效的学习策略,真正成为学习的主人。

摩尔定律是英特尔创始人之一戈登·摩尔提出的,其核心内容为集成电路上可以容纳的晶体管数目大约每经过 18 个月便会增加一倍。摩尔定律在一定程度上揭示了信息技术进步的速度[②]。信息科技以惊人的速度快速更新,教学改革首先要转变观念,将教学的重心转移到教学生"学会学习",而不仅仅是学会知识。ICS 教学模式的最终目标是在教学生"学会学习"的基础上,培养学生自主学习能力,合作探究和分享交流能力,提升学生的信息素养,为终身学习做好准备。

[①] 乔楚晗. 知识更新与教师能力培养[J]. 山东文学(下半月),2007(12):84.
[②] 张万民,王振友. 计算机导论[M]. 北京:北京理工大学出版社,2016.

第二节　教师在 ICS 教学模式中的角色定位分析

教师要尊重学生的主体地位。在新课程理念下，教师要转变角色。这种转变可以让教师在新课程的实施中发挥应有的功能，让教师从知识的权威者转变为对学生学习过程的组织者、引导者。教师不只是传道、授业、解惑者，更是与学生一起共同研究道、探讨业、解决惑的主动参与者，是与学生一起的"学习共同体"。

ICS 教学模式对教师的角色定位也提出了新的挑战，要求教师树立新的教师观，由"知识传授者"转向"学习促进者"，由"居高临下者"转向"平等中的首席"，由"知识灌输者"转向"转识成智者"，由"传道授业者"转向"共同学习者"，由"单一型教师"转向"复合型教师"，由"孤军奋战者"转向"合作伙伴"。

一、由"知识传授者"转为"学习促进者"

传统的教师，在其所有的教学过程中，已经习惯于认为自己是教学的主宰者，是信息知识的给予者，是规则规定的制定者，是学生成绩的评估者，是最终教学目标的规划者，是绝对的专家，但是，这又将是非常危险的[1]。传统教学中教师"知识传授者"角色已不适应社会发展的要求。教师从传统的主宰者和评估者能否成功地向学习促进者转变，直接关系到"适合激发学生潜能环境"的构建，所以也可以说教师角色的转变与否，是全新教育目标能否实现的重要前提条件[2]。

教师即学生的学习促进者是教师最明显、最直接、最富时代性的角色特征，是教师角色特征中的核心特征。ICS 教学模式要求教师转变角色为

---

[1] 刘永东，钟儒刚. 由教学主宰者向学习促进者的转变——有感于罗杰斯的《自由学习》[J]. 中国现代教育装备，2011（9）：3.
[2] 刘永东，钟儒刚. 由教学主宰者向学习促进者的转变——有感于罗杰斯的《自由学习》[J]. 中国现代教育装备，2011（9）：3.

学生的学习促进者。教师要从知识传授者这一核心角色中解放出来，转变为以促进学生学习能力为重心、以学生健康成长为目标。早在20世纪70年代，联合国教科文组织编写的《学会生存——教育世界的今天与明天》一书就对未来教师角色做了这样的描述：现在教师的职责已经越来越少地传递知识，而越来越多地激励思考。教师必须集中更多的时间和精力从事那些有效果的和有创造性的活动，互相了解、影响、激励和鼓舞。

ICS教学模式下的教师角色更多是充当学生学习过程的促进者。教师的作用在于激发学生的学习热情和鼓舞斗志，唤醒学生的已有经验，培养学生的自律能力与合作精神，教师始终做一个积极的旁观者、多向互动的参与者、学生思维的激发者、课堂节奏的把握者、释疑解惑的点拨者、归纳总结的提高者，把学生学习的主动权还给学生，做学生成长的促进者。

二、由"居高临下者"转为向"平等中的首席"

中国传统文化中，教师从来就是传道、授业、解惑的权威，学生从来就是被传道、被授业、被解惑的对象。因而在师生交往的过程中，教师总是高高在上，居高临下。ICS教学模式强调教师应作为"平等中的首席"，师生交流应遵循平等、民主的原则。

"平等中的首席"最初是多尔（W.E.Doll）在《后现代课程论》中提出的，他认为作为平等中的首席，教师的作用没有被抛弃，而是得以重新构建，教师的作用从外在于学生情境转化为与这一情境共存，其权威也转入情境之中[①]。"平等中的首席"应当从"平等"和"首席"两个层面分开解读。平等是要求教师放低姿态，在与学生的交流中更多流露一种亲和力，更是指教师与学生精神地位的平等与相互尊重。首席是指教师通过自己的言行在学生中树立起威信，让学生从心底里尊敬、服从老师，以其独特的能力或魅力将学生号召起来，在以教师为核心的组织中拥有很高的权威地位。

---

① 雷绍广. 平等中的首席：超越主客体的师生关系[J]. 江苏教育，2018（8）：22-25.

ICS 教学模式强调教师是平等中的首席，是学生学习的合作者、引导者和参与者，主张教学过程是师生交往、共同发展的互动的过程。在 ICS 教学模式的课堂上，课程资源由四方面组成：教材及教师提供的资源、教师个人的知识以及师生互动生成的知识。ICS 教学模式将改变以教材为中心的局面，教师个人的知识也作为教学的重要资源，师生互动、生生互动生成的新知识比重将大大增加，传统意义上的教师教和学生学，将不断让位于师生互教互学，彼此将形成一个真正的"学习共同体"。

ICS 教学模式注重合作探究，而合作意味着人人参与，意味着平等对话，意味着教师要放下架子，眼睛向下，意味着不能把学生分为三六九等，一视同仁，公正地善待每一位学生，尊重每一位学生，包括尊重学生的选择、个人的独立观点、个人的兴趣爱好，允许学生提出独立见解，注意倾听学生的声音，了解学生的要求，做到师生在知识、情感、态度、需要、兴趣、价值观乃至生活经验、行为规范等方面实施互动，相互沟通，相互影响，相互补充，构建起一个和谐、融洽、民主、宽容和平等的课堂氛围，为学生健康成长创造条件，提供方便，服好务。

三、由"知识灌输者"转为"智慧传递者"

爱因斯坦说："所谓教育，就是一个人把学校所学全部忘光后剩下的东西。"那剩下的到底是什么呢？应该是沉淀于一个人的性格、气质以及行为习惯中那些稳定的东西，是一个人的个性特征和人格特征，是一个人所拥有的人生智慧。在教学中，教师必须注重培养学生的思维能力，让知识转化为智慧。知识固然重要，但知识不等于智慧，知识是死的，智慧是活的；知识关乎事物，智慧关乎人生[①]。知识仅仅是已经获得并储存起来的学问，而智慧则是运用学问去指导人改善生活的各种能力；知识是人生的基本材料，智慧是明智地运用知识材料获取人生幸福的能力。

如何引导学生通过对知识神圣的超越，由"知识信徒"走向智慧的自由自觉，由"知识性的生存方式"到达"智慧化的生存方式"，已是摆在现

---

① 刘满文. 教育的境界：让知识变为智慧[J]. 甘肃教育，2011（5）：1.

代教师面前的迫切问题。ICS 教学模式课堂中，教师要处理好传授知识与培养能力的关系，注重培养学生的独立性和自主性，引导学生质疑、调查、探究、交流，引导学生在实践中学习，促使学生在教师指导下主动地、个性化的学习。

现如今，教师的主要职能不再是把知识传授给学生，而是引导学生将知识转化为智慧，因为只有这样，教育才能真正发挥其作用。ICS 教学模式的教学不只是传授知识，更重要的是揭示真理。不仅要让学生知道有关知识的特征和规律，更要让学生体会到知识的价值，让学生感受到知识中所蕴含的人类的思想情感和价值观等。陶行知先生说："知识有真有伪，思想与行为结合而产生的知识是真知识，真知识的根是安在经验里的。从经验里发芽抽条开花结果的是真知灼见，真知灼见是跟着智慧走的。"

教学中，教师要更多地创设适合学生的学习情境，满足不同学生的个性化需求，提供大量的学习、实践、体验、感悟等学科实践活动和综合实践活动的机会，使学生变得自信、健谈，变得聪明、心灵、手巧，变得活泼、合群、顽强，让学生在学会求知的基础上，学会做事、学会共同生活、学会生存。

四、由"传道授业者"转为"共同进步者"

在传统的教学中，人们把教师看作丰富知识的拥有者、无所不知的圣人。家长把孩子送进学校，也总是希望教师把知识灌输给孩子，似乎教师就是一个源源不断的知识源。但在社会步入信息时代的今天，知识更新速度惊人，使得教师作为知识来源、知识象征的权威地位受到从未有过的动摇。教师个人所拥有的知识只是沧海一粟，"后喻文化"[①]时代正在到来。美国人类学家玛格丽特·米德在《文化与承诺——一项有关代沟的研究》（1970）一书中提出，在现代通信、交通和技术革命迅猛发展的情境下，长辈只有虚心向小辈学习，利用他们广博而新颖的知识，才能建立一个有

---

① 后喻文化也称"青年文化"，指由年轻一代将知识文化传递给他们在世的前辈的过程。

生命力的未来。米德认为后喻文化将成为当代世界独特的文化传递方式[①]。

面对后喻文化时代的到来，教师必须由传道授业者转向共同进步者，也就是人们常说的教学相长，是教与学两方面互相影响和促进，共同提高。ICS 教学模式是教与学的交往互动，师生双方相互交流、相互沟通、相互启发、相互补充，在这个过程中教师与学生彼此间进行情感交流，从而达成共识、共享、共进，实现教学相长。因此，一个有自知之明的、充满自信的教师应该告诉他的学生："我这里没有一桶水倒给你们，你们都得拎上自己装满水的桶来和我桶中的水互倒，这样我们大家就能倒出一大盆水。"师生之间的水只有互倒，才能倒出一盆具有丰富营养的、高质量的水，教师必须与学生一道不断地努力学习，吸取新知，做学生共同学习的伙伴，与学生共同成长进步。

五、由"单一型教师"转为"复合型教师"

单一型教师仅拥有本学科的知识，并在教学活动中仅注意从本学科的角度进行施教，而对其他学科的知识、技能不予关注。复合型教师是指理论基础扎实，知识面宽广，具有较强的知识更新、专业迁移能力和良好的社会适应能力，能胜任跨学科教学的初级教授，善于将学科知识联系到社会客观事物及其他学科领域，并经常总结自身教学、阐发教学思想，进而不断突破的教师[②]。

单一型教师的特征表现为四个"单一"：知识结构单一，即对本学科知识掌握较好，而对其他学科的知识不太了解，这是单一型教师最显著的特征；教学内容单一，即在教学活动中主要关注本学科知识的传授，而对于其他学科的知识可能一一略去，忽视学科知识之间的相关性，这个特征是对前一个特征的反映；评价指向单一，即对学生的评价仅指向学生在本学科的发展情况，而对学生在其他学科的发展情况不加以考虑；工作方式

---

① 顾明远. 教育大辞典[M]. 上海：上海教育出版社，1998.
② 沈寅鑫. 浅论复合型教师概念的缘起[J]. 中国科教创新导刊，2009（25）：218+220.

单一,即不重视与其他学科教师的沟通合作,工作方式往往是单打独斗、单兵作战[①]。很显然,随着社会的发展和教育教学改革的不断推进,单一型教师已经无法满足社会、学校和学生的需要,教师必须由过去的单一型转向具有良好职业道德、丰富管理经验、渊博学科知识、较高个人修养的复合型教师。

过去,基础教育课程的确定性特征十分明显,其重要标志有统一内容、统一考试、统一教材教参、统一评价标准。与此相反,新课程体系增加了教学过程中的不确定性,具体包含教学目标与结果的不确定性、教学对象的不确定性、教学内容的不确定性、教学方法与教学过程的不确定性。教学目标与结果的不确定性是由知识、能力、态度、情感、价值观多元价值取向引起的;教学对象的不确定性表现为不能用统一的规格、评价标准进行个别化教育;教学内容的不确定性表现为课程的综合性加大,教材为教师留有极大的余地,得分点大大减少和淡化;教学方法与教学过程的不确定性表现为教师有较大的自主性,可以更为灵活地选择与使用教学方法,在教学过程中可支配的因素增多。所有的这些不确定性,不论是在知识广度、深度上还是在能力类型和发展水平上都向教师提出了更多、更高的要求。它要求教师不仅通晓本学科,还应掌握与之相关的其他学科的知识,同时教师也要具备一定的搜集和处理信息的能力、课程设计和开发的能力、与同事合作的能力等,做一个"复合型"教师。

六、由"孤军奋战者"转为"合作伙伴"

个体性是传统教师工作的显著特点,教师往往是自己课堂教学的权威,很少与同事沟通和交流。新课程要求教师之间进行有效合作,需要教师与更多人在更大更广的空间进行交流,打破画地为牢、把自己禁锢在学科壁垒后的局面,从同事或同行中获得新想法与支持,充分发挥教师集体的智慧,挖掘并利用好现有的教师资源,实行材料、计划、资料与智慧成果的共同分享,使教师在求同存异中发展,在取长补短中共同进步。

---

① 曾素林. 教师角色的转变:从"单一型"走向"综合型"[J]. 新课程研究旬刊,2007(1).

第三节　ICS 教学模式中教师角色定位的实现路径

一、明确目标，把握教学方向

教学目标是关于教学使学生发生何种变化的明确表述，是指在教学活动中所期待得到的学生的学习结果[①]。教学目标是教学的出发点和归宿，是教师对学生要达到的学习成果或最终行为的明确阐述。一切教学活动都是围绕教学目标来进行和展开的。就其本身而言，它具备支配教学实践活动的内在规定性，起着支配和指导教学过程的作用，也是教师进行课堂教学设计的基本依据。教学目标的分析与确定是教学设计的起点，它确定学生学习的内容所要达到的水平程度，使教学有明确的方向；它也是教学任务完成与否的评价标准。因此，明确教学目标是把握教学的前提。教师不仅自己要明确教学目标，还要让学生明白每节课的学习目标，让学生在学习目标的引导下更有效地学习。

中小学信息科技教学应先确定课程教学目标，使学生更加清楚要达到怎样的标准。在实际教学中，首先，应确保教学目标的完整性。其次，要保证教学目标的具体性，将教学目标落实到课堂教学中，增强信息科技教学的针对性。最后，教学目标要应具有可操作性，具备可测性与可观察性，尽量行为化、可视化，让学生明确具体的学习方法。可以利用行为动词表述教学目标，如能说出、掌握运用、分析等，提升教学目标的可操作性。教学目标的设计还要具有层次性，学生的信息科技基础各不相同，教师在设计目标时应注重层次性，确保不同水平的学生得到全面发展，实现因材施教。

二、尊重差异，培养学习兴趣

两千多年前，伟大的教育家孔子就提出了"因材施教"的理念。他承

---

① 莫雷. 教育心理学[M]. 北京：教育科学出版社，2007.

认学生存在个性差异和能力差异，主张根据学生的个性与特长加以培养，发挥学生的长处。教师要深入研究学生，充分了解学生的知识基础、兴趣爱好、智力水平、行为习惯、接受能力和学习态度等，从实际出发，使教学的进度、广度、深度都适合学生的知识水平与接受能力，使每个学生都能得到发展。

学生的差异分为可变差异和不变差异。可变差异指学生在知识储备、学习策略、态度与技能等方面的差异。不变差异指学生在个性特征、学科特长、兴趣爱好等方面的差异。相对于可变差异而言，他们在短时间内不可改变，这些差异是学生的优势差异，教师要利用学生的这些特质促进学生个体优势的发展，使其学有专长。基于这些认识，我们要"正视差异、承认差异、利用差异"，为培养学生学习兴趣提供帮助。

爱因斯坦说："兴趣是最好的老师。"兴趣是学习成功的秘诀，是获取知识的开端，是求知欲望的基础。以学生的差异尤其是个性特征为起点，激发学生的学习兴趣。浓厚的学习兴趣，能有效提高学生的观察能力，诱发学生的学习动机，促使学生自觉地集中注意力，全身心地投入学习活动。

三、综合实践，提升核心素养

信息数字社会对人才的要求越来越高，其中信息意识、计算思维、数字化学习与创新和信息社会责任是每个学生都应具备的信息科技学科核心素养。课堂上，教师在引导学生学习信息科技的过程中，应结合学生的个性特点指导学生自主学习、合作探究和分享交流。

信息科技学科有很强的综合实践性，要让学生熟练掌握相关技能并且灵活运用，教师就必须采用恰当的教学方法，使学生保持一定的学习热情。例如在教学《表格中的计算》时，教学重点是让学生掌握相关技术，熟练运用表格处理数据，提取隐含信息。如果教师按部就班地讲解教材中的案例，学生很快就会感到枯燥，难以集中注意力，出现厌学情绪。为了激发学生的学习热情，教师可选择一些与学生生活经验相关的案例来展开教学，如以调查八年级学生热量摄入情况为切入点，通过自主学习，掌握基础知识；合作探究，学会重点知识，解决难点问题；分享交流，形成生成性知识，实现本节课的教学目标。这种以解决学生身边实际问题为主线由浅入深引导学生合作探究的方法，又让学生在课堂中爱学、乐学。

要有效培养学生的信息科技学科核心素养，不仅要让学生掌握信息科技的基础知识和技能，而且要让学生熟练地运用这些技能解决生活中的问题，提升其用信息科技解决问题的能力，提升其核心素养，助其成长为对国家有用的信息社会合格数字公民。

四、多元评价，促进全面发展

新课改要求"建立促进学生全面发展的评价体系"。评价对学生的成长与发展非常重要，受传统教学观念的影响，很多教师都忽视了多元评价的重要性，采用单一的评价方式，无法发挥评价对学生的积极作用。想要促进学生的全面发展，教师必须在信息科技课堂中采用多元评价。多元评价是多方位、立体化地对学生的学习过程进行评价。与以往考核评价方式不同，多元评价更加注重学生的个性化发展，挖掘学生的个性，让其认识自身的优缺点，提高学习主动性，从而进一步提高专业素养和知识技能。多元化评价要做到评价主体多元化、评价方法灵活多变，过程性与终结性相结合。

首先，评价主体多元化。采用学生自评、生生互评、家长参评、教师综合评定等多方协商的方法，让学生成为评价的主人，使评价成为学生自我教育、自我激励的动力，成为学生发现和调整自我成长方式的重要途径[1]。不单教师参与评价，学生个体和小组也要参与进来，教师要赋予学生对自己、对其他组员综合表现进行评价的权利，从而激发其参与信息科技实践活动的热情。学生自评时，能够对自身在信息科技课堂中的表现以及知识技能的掌握程度有准确的认识，从而改进学习过程中的不足之处，积极主

---

[1] 郭晓莉. 基于核心素养的义务教育学生多元化评价[J]. 现代教育，2017（3）：23-24.

动地参与到课堂教学活动中。比自己更了解自己的人就是身边的同学，学生进行互评时，可以从不同的角度让学生认识到自身存在的优缺点，使学生对自身的了解更加全面。

其次，评价方法要灵活多变。在对信息科技课堂教学进行评价时，灵活多变的方法可以使得教学效果更加理想，对学生的学习和发展也更加有效。评价既可以通过考试也可以通过丰富多彩的活动呈现，既有终结性评价又有过程性评价，集活动性、操作性、综合性和过程性于一体，让学生在评价中体验到成功的快乐，激发内在学习动力。在教学评价时采用"积分晋级法"是一种有效的评价方法。所谓"积分晋级法"就是对每节课上回答问题积极，自主学习认真，合作探究高效，展示分享完善，点评质疑有效，作业、作品优秀的学生和小组进行加分并累计。根据总分可以升级到不同等级，如"奥斯卡奖"的晋级方式为：路人甲（0~30分），跑龙套（31~70分），新人奖（71~120分），实力派（121~180分），最受欢迎男/女演员（181~250分），百花/金鸡最佳男/女主角（251~330分），国际知名男/女主角（331~420分），奥斯卡提名奖（421~520分），奥斯卡最佳男/女配角（521~640分），奥斯卡最佳男/女主角（640~740分）。学期末升级到奥斯卡最佳男/女主角的学生在获得荣誉的同时，还能获得奖状和奖品，学生们都非常期待。为了保持学生对晋级方式的新鲜感，可每学期更换一次升级方式。

最后，过程性与终结性相结合的原则。形成性评价（过程性评价）与终结性评价是1967年美国哈佛大学Scriven教授在《评价方法论》中提出的理论。美国著名心理学家B.S.Bloom后来将其理论引入教学领域。过程性评价强调对学生在学习过程或活动过程中的表现进行评价，需要全程评价学生学习过程和结果，并进行综合评价。终结性评价一般在期末以考试或综合作品的形式进行，是对学生学习效果和教师教学效果的总结性评价。二者相结合的教学评价体系有利于培养学生自主学习的能力，鼓励学生发挥主观能动性，激发学生的学习兴趣。

建立健全多元评价体系对于激发学生学习动力、提高学习效率有着积极的促进作用。在多元的信息科技教学评价中，学生能够认识到自身在学习信息科技的理论知识和实践应用中的优势与存在的不足之处，在多样化的评价中能够获得学习自信心，并补足自己的学习短板。这为促进学生的全面发展带来积极深远的影响。

第四章

ICS 教学模式下学生特征和角色分析

第一节 中小学生特征分析

每个年龄段的学生都有其特有的心理特征，教师要采用不同的教育教学方法、引导学生积极主动地学习。美国教育技术界著名学者海涅克（R.Heinick）等人在1989年指出：对学习者的一般特征，即使做一些粗略的分析，对教学方法和媒体的选择也是有益的。下面就义务教育段学生的心理特征和教育方法做简单的阐述。

一、一年级

（一）心理特征

学生刚刚步入小学，对小学生活既感到新鲜，又有些不习惯；好奇、好动、表现欲强、好胜心强，喜欢模仿，还特别崇拜老师。一年级学生正处在意志力全面发展的开端阶段，多项意志品质已形成雏形，意志品质的发展存在性别差异，女孩在一定程度上优于男孩[①]。

（二）教育方法

对于一年级的学生，从生活和玩耍中学到的知识，要比书本上学到的知识更重要，这已是一些发达国家的共识。通过自身体验获得的知识能使头脑更加灵活。要使学生保持愉悦的学习情趣，不能把学习当作负担。

一年级要以适应学校生活、培养学习习惯和兴趣为主，引导学生学会愉快地学习。教师可以从如何安排时间入手，培养学生养成独立自主、热爱学习的好习惯，也可以要求孩子在家多做家务、学会料理自己的生活以及帮大人做事，这对培养学生的意志力有很大帮助。

---

① 陈子丹. 小学一年级学生的意志特点及教育[D]. 呼和浩特：内蒙古师范大学，2014.

二、二年级

(一) 心理特征

二年级学生心理趋向稳定，显示出一定的个性特征，个人能处理的问题越来越多，自信心不断增强[①]；逐渐产生了竞争意识，已经能够判断自己的能力大小，在发现别人的表现比自己好或差时，相应地会引起心理的变化，集体荣誉感不断增强。此阶段是小学生培养自信心的关键期，但是情绪容易不太稳定，且自控力还不强。

(二) 教育方法

二年级学生完全自觉地投入学习的心理机制也不完善，所以，不应该对学生过于苛刻，能基本完成学习任务即可。看待二年级学生的学习，不能单一地看学习成绩。从心理发育看，这个阶段的学生虽然有一定的自主能力，但是自觉学习的主动性以及分析问题时注意力的稳定性远远不够。由于个体的差别，有的学生稍微好一些，大部分学生对待学习仍然带有游戏的态度。教师要对其不良行为及时纠正，积极培养学生的学习兴趣，多鼓励肯定学生，随时注意学生心态的变化，学习上还要注重习惯的培养和基础知识的掌握。

三、三年级

(一) 心理特征

从三年级开始，学生进入少年期，会出现一种强烈要求独立和摆脱成人控制的欲望，因此他们表现出明显的独立性。随着年龄的增长，他们对外部控制的依赖性逐渐减少，但内部的自控力又尚未发展起来，还不能有效地调节和控制自己的日常行为。三年级也是自信心形成的关键期。能够在接受别人的评价中能发现自己的价值，产生价值感、自豪感，对自己充满信心。有的还表现出强烈的自我确定、自我主张，对自己评价偏高，甚

[①] 董彦雪. 小学二年级心理特征及培养目标[J]. 教育，2016 (2)：90.

至"目空一切"，容易形成自负的心理。相反，有的孩子由于成绩不良或某个方面的缺失，受到班级同学的歧视，容易对自己评价过低，对自己丧失信心。

（二）教育方法

三年级学生的学习压力相当明显，教师的授课量增大，家庭作业增多，指导学生掌握必要的学习方法是教师与家长共同的责任和义务。但是只要家长和老师密切配合抓住这一年关键期，培养孩子养成踏实认真、勤奋刻苦的学习态度，纠正学生马虎大意、作业磨蹭等不良习惯，成绩一般不会下滑，而且这一年保持了良好成绩的话，小学阶段以后几年的学习会变得更加顺利。相反，如果三年级成绩滑下去了，那以后的学习也会越来越困难。另外，由于学生交往范围扩大，各种困扰也随之而来，开始产生不安情绪，需要教师和家长的悉心陪伴和耐心引导。

四、四年级

（一）心理特征

四年级是儿童成长的关键期，学生的学习从被动向主动转变，但辨别是非的能力还有限，社会经验缺乏，经常会遇到很多难以解决的问题。在注意力方面，有意注意逐步发展并占主导地位，注意的集中性、稳定性、广度、分配和转移等方面都有了不同程度的发展；在记忆力方面，有意记忆逐步发展并占主导地位，抽象记忆有所发展，但具体形象记忆的作用仍很明显；在思维方面，学生逐步学会分辨本质与非本质、主要与次要内容，学会掌握初步的科学定义，学会独立进行逻辑论证，但他们的思维活动仍具有很大成分的具体形象色彩；在想象方面，学生想象的有意性迅速增长并逐渐符合客观现实，同时创造性成分日益增多。

（二）教育方法

四年级是小学教育的重要转折期。四年级课程内容增加，作业量进一步增大。这就要求学生的学习方法和习惯都要发生变化。要养成课前预习、课后复习的习惯，养成分析和思考的习惯。不能像低年级一样靠外界督促去学习，要意识到学习是自己的事情。从四年级开始学习需要拿出真本事，稍有马虎，学习成绩就有可能落下来。及时帮助学生发现问题，解决问题，培养学生计算、书写、检查的良好习惯。通过正确的教育，可以激发学生对自然和社会的探索激情和求知欲望。四年级孩子开始形成自我评价的意识，但是，这种自我评价在很大程度上还依赖于别人的评价，所以对孩子的欣赏和鼓励仍然是孩子进步的关键。

五、五年级

（一）心理特征

五年级的学生竞争意识增强，无论在学习还是在生活中，都不甘落后。他们非常关心学习成绩，对学习优秀的同学开始产生敬佩之情。独立能力增强，喜欢自发组成小团体，放学后组织团体活动，并且具有明确的目的和行动方法，且这些小团伙不轻易解散。不轻信吹捧，哄骗方法用在五年级学生身上已经无效了。他们对许多事情已有自己的打算和想法，学会了自己安排时间和活动。

（二）教育方法

五年级的学生自我控制能力比较强，对学习的指导要有针对性和启发性。要增强学习技能训练，培养良好的学习品质；引导学生树立学习的苦乐观，激发学习的兴趣、求知欲望和勤奋学习的精神；培养正确的竞争意识；鼓励参与社会实践活动，培养做事情的坚持和耐性。教师要帮助学生建立进取的人生态度，促进自我意识的发展。接触社会对学生保持主动学习的态度、迎接更复杂的挑战有积极作用。

六、六年级

(一) 心理特征

六年级学生在分析问题的过程中,可以找到主要矛盾,抓住事物的关键。同时表现出不服输的反抗精神。学生的自主意识逐渐强烈,喜欢用批判的眼光看待其他事物,有时甚至还对老师和家长的正当干涉感到反抗抵制。因此,老师注意调节和控制自己情绪十分重要[①]。

六年级学生开始进入青春期早期,希望异性关注自己并受到异性喜爱,喜欢和异性在一起。自主意识逐渐强烈,喜欢用批判的眼光看待事物,初步形成了个人独特的性格和人生观。注意力容易集中、敏锐,由于抽象逻辑思维能力大大增强,不但兴趣、爱好变得更加广泛、稳定,而且渐渐形成了看待事物的标准,自我意识、自我评价和自我教育的能力也得到了充分发展,初步形成了个人独特的性格以及对人生、对世界的基本看法。

(二) 教育方法

由于课程增加,六年级学生完成学习任务和课后作业需要花费很大的精力,占用很多时间,提高学习效率就显得十分重要。随着知识的不断积累和对事物体验的深化,他们的内心世界比较丰富。教师在关注学习效果的同时,还需密切关注学生的心理变化,让学生拥有健康的心理。六年级学生开始关注社会新闻事件,对时事热点、自然灾害、交通环境等都有了一定的观察和分析能力,对历史上的一些重要时期和名人轶事也比较关心,有些学生甚至可以在写作中运用查阅的资料,正确评论社会事件,教师和家长应积极提供帮助。

六年级要为小升初做准备,对心仪学校的特点多做了解。平时除了学习主要课程,还应主动涉猎一些自然科学和社会科学的内容,为以后学习打好基础。学有余力的学生可以对接触到的新知识进行深入研究。在学习中遇到的许多疑难问题,不能轻易地得到一个答案就放过去。

---

① 赵荣轩. 浅谈小学六年级学生心理特点及其班级管理[J]. 散文百家(新语文活页), 2013 (10): 13-15.

七、七年级

(一) 心理特征

七年级学生刚刚步入中学，还不熟悉环境，又是中学里最低的年级，比较虚心，教师在其心目中保有一定的权威地位，还习惯于听老师的安排，也容易把教师的要求转变成自己的需求。有意注意较小学时有了较大提高，有意记忆与意义识记的能力得到了迅速发展，抽象逻辑思维能力有了一定的发展，但形象思维仍占一定的地位，对抽象概念的掌握还存在困难，仍需要直观形象的感性经验为支柱。

七年级学生即将步入青春期，身体发育、知识经验、心理品质等方面依然保留着小学生的特点，他们的认识能力、情感、意志及个性一般也还带有小学生的心理特点。七年级学生情感丰富但不深刻，情感来得快，去得也快，稳定性较差。顺利时盲目自满，遇挫折时盲目自卑，有从众心理。不愿让大人管，但在学习和生活中遇到具体困难时，又希望得到老师和家长的帮助。随着生理的发育和教育条件的变化，他们的心理将得到较迅速的发展。

(二) 教育方法

从小学生转变为中学生，从小学来到中学，学习环境发生了很大的变化，学习科目增加，而且所有课程都接近科学的体系，比小学的内容明显扩大和加深了。学习不再是简单的常识，而是系统的科学知识，要求学生具有一定的抽象逻辑思维能力[1]。教师要帮助学生适应新的环境、教学方法和生活节奏，尽快适应新的学习生活。

开学初要对七年级学生进行常规教育。从学生实际出发，结合中学生守则和学校的规章制度，明确各项管理要求。使学生知道中学生课堂学习与日常生活的常规，行动有所遵循，逐渐形成守纪律、有礼貌、团结紧张、严肃活泼的良好习惯。要重视习惯养成教育，让学生尽快端正学习态度，

---

[1] 陈芝秀. 试论初一学生的心理特点与教育[J]. 松辽学刊（社会科学版），1985（4）：83-88+92.

养成良好的学习习惯、思维习惯，掌握正确的学习方法。要重视基本概念的学习、剖析和应用，只有基础牢固，才有可能在整个中学阶段学得轻松而有成效。

（三）学习方法

第一，要合理安排时间和精力，学好各科的知识点。第二，养成科学作息、专注读书听课、独立钻研问题、自我验收的习惯。第三，学会科学的学习方法。一般强调五个环节：预习、听课、笔记、复习、作业。

八、八年级

（一）心理特征

八年级学生已进入青春期，身体上发生了许多变化。由于心理发展与生理发展出现严重的不平衡，导致了不同程度的对抗情绪出现。此外，另一心理特点是表面什么都不在乎，实际上从众心理严重，既想标新立异又担心脱离集体。八年级学生正处于青春期，心理发展很不稳定，具有半成熟、半幼稚的过渡特点，也是身体发生了较大变化的时期，逐渐趋于成人化。身体的迅速发育与心理需求的矛盾日益加剧，容易表露出沮丧、失意、不满焦虑等紧张情绪。

八年级学生的逆反心理和自卑心理比较普遍和突出，这也是导致不良行为的重要原因。具有逆反心理的学生，无视其"自我意识"存在的外界因素，常想方设法予以对抗和反对。主要表现为：对教师和家长的教导、劝说和约束不肯听从，对明知合理的教育措施和行为规范也一并反对。具有自卑心理的学生则表现为消沉和多疑。消沉即情绪低落、意志消沉、郁郁寡欢，不苟言笑，慢慢地与同学疏离对立起来，多疑的学生总认为老师和同学都看不起自己，心理处于一种紧张的"提防"状态。

（二）教育方法

教师和家长要引导八年级学生正确认识爱情，青春期性成熟带来的好奇心和探究欲，促进青少年性意识的发展，怎样去认识爱情、处理对异性的好感都需要正确引导。还要重视沟通，学生进入青春期，逆反心理严重，与教师和家长的交流逐渐变少，对说教非常抵制，所以这段时间教师一定要多和学生进行沟通，随时了解学生的心理变化。

教师要多鼓励学生迎接挑战，八年级处于承上启下的学习关键期，学习任务和压力都很大，学生此阶段会出现一个明显的分层，教师需高度重视，鼓励学生提前预习，做好迎接挑战的准备。

（三）学习方法

首先，要提高对学习的认识，着重养成良好的学习习惯。其次，要改进学习方法，知识是有规律的，八年级的学生应该能够认识到一些学习规律，掌握恰当的方法了。最后，要排除学习困扰，有些学生成绩下滑是有多种原因的，心理因素是其重要的一方面。

九、九年级

（一）心理特征

九年级学生面临中考，学习压力带来的影响有所表露。他们急于肯定自己，又急于得到他人的肯定，有时又充满着疑惑和不自信。这就使得他们的情绪容易受到外界环境的干扰，表现出多变性和不稳定性[1]。有的学生情绪不稳定，浮躁有失落感，考前焦虑，缺乏自信。有的学生则失去了学习的积极性，自暴自弃，明显厌学。另外，部分男生行为自控能力不强，做事冲动，逆反心理明显。

九年级学生的独立性获得了较大发展，喜欢和老师平等地讨论问题，自由独立地组织开展一些活动。"成人感"更加明显，自我意识向独立成熟方面发展。他们对待人和事的态度、情绪情感的表达方式以及行为的内容和方式等都发生了明显的变化，同时也渴望社会、学校和家长给予他们成人式的信任和尊重。自尊心也大大增强，渴望得到尊重，这正是他们认

---

[1] 丁学芳. 九年级学生心理特点分析及解决对策[J]. 教育教学论坛, 2011（23）: 1.

识自我价值的反映。害怕教师嘲笑指责他们的幼稚和冲动，反感教师居高临下的训斥与批评，渴望得到教师和家长的尊重与理解。

（二）教育方法

对待九年级学生要紧追不舍抓学习，为了给中考复习留出更多的时间，教师都会赶进度，稍有懈怠就会比较吃力，所以，一定要紧追不舍、及时复习，化解疑难问题。查漏补缺也是非常重要的，初中的课程已经学完了三分之二，要有计划地开始针对薄弱知识点进行重点突破，利用开学初不太紧张的阶段，把初一、初二各科的知识点在脑海中过一遍，查漏补缺，为中考打下良好的基础。

压力调节必不可少，临近中考学生或多或少都会有一些压力，但压力过大势必会影响正常学习。教师要多关心学生，及时发现学生的变化和不安，帮助学生调整情绪，也可以请专业人士给予帮助。教育九年级学生的原则是不急躁。不要期望孩子突然间就有很大的变化，与孩子说话时不要打断孩子。同时要注意说话的语气。多用表扬的方式，或换个说法、多建议，切记不要唠叨。

（三）学习方法

首先要克服急躁的情绪，学习需要耐心，不能急功近利。其次要合理定位，客观地评价自己，给自己一个合理的定位。再次要学会制定学习计划。最后还要劳逸结合，合理睡眠，合理利用时间，注重学习效率。

第二节　学生在 ICS 教学模式中的角色定位分析

一、学生是 ICS 教学模式的主体

面对新课程，教师必须牢记陶行知先生所言："先生之责任不在于教，而在教学，而在教学生学。""教"是手段，"达到"是过程，"不需要教"是目的。应该改变以往那种让学生亦步亦趋的习惯，引导学生自主学习。课堂是学生学习的主阵地，教师要在课堂上营造浓厚的自主学习氛围，培养学生的主体意识，激发学习兴趣，学生才能真正调动自身的学习潜能，进行自主学习，真正成为课堂学习的主人。

在 ICS 教学模式中，教师要唤醒学生的主体意识，发挥学生在学习中的主体作用，充分调动学生的内在学习动机，突出学生的主体地位。在自主学习环节，教师要为学生提供丰富的学习资源，引导学生自主学习，发挥学生的主体作用；在合作探究环节，学生针对探究问题合理分工，科学组织，互相合作完成探究任务；在分享展示环节，使学生大胆展示自己创作过程或想法，促进课堂生成，增添课堂活力。学生只有经历了自主学习，主体合作探究，分享交流等环节，才能及时发现学习中的不足，进行查漏补缺，减少学习中的失误，提高学习信息科技的质量与效果。在学习的过程中，学生承担了自我监控者、自我管理者、自我评价者、自我激励者、合作探究者、展示交流者等多种角色。每种角色都以学生为主体，能够有效改变其学习态度，使其在课堂上发挥主体作用，激发其主人翁意识。

二、学生是 ICS 教学模式的实施者

ICS 教学模式在一定的教学情境中设置自主学习、合作探究和分享交流三个教学环节。课堂教学是由教师组织学生进行有目的、有计划的有效学习活动过程。教学活动的本质是学生的学习活动，每项活动的主体都是学生，学生是课堂活动的主要实施者。

在自主学习环节，学生利用教师提供的文字、图片、视频等学习资料开展自主学习，真正成为课堂的主人。学生不是知识的被动接受者，而是学习的主动参与者。要让学生在学习过程中有足够的时间自主观察、自主思考，自主交流和表达。即便出现一些问题或偏差，也不要马上批评或加以限制，要与学生沟通、引导、鼓励，给学生自信心，让学生在自我认识和自我调节的基础上不断进步。

在合作探究环节，学生要积极思考，主动参与讨论、协商、合作、交流等形式的小组活动，逐步提高解决问题的能力和团结协作意识。学生在合作探究的过程中会创造出一套属于自己个性化的学习方案和策略，并不断突破，不断获得新的知识，不断发展信息科技学科的核心素养，由此体验到的自我成就感，更加激发内在的创新精神。

三、学生是 ICS 教学模式的评价者

著名教育家叶圣陶曾提出"尝谓教师教各种学科，其最终目的在达到不复需教，而学生能自为研索，自求解决。"要达到这样的目的，必须使学生具备自我评价能力。新课程也强调"加强学生的自我评价"。要让自我评价成为学习过程的一种潜在意识，促进学生的学习和发展，使其学得轻松，学得主动，享受成功的喜悦，激发学习的兴趣。总之，培养学生自我评价的能力将使其受益终身。

学生通过对自我学习过程和学习效果的评价，自主学习意识逐渐增强。评价学习效果可以从各个不同的方面来展开，如评价学习态度、学习效果、学习方式等，评价以成就、进展和收获为主。好的评价者可以从评价中看到进步，也可以发现不足，从而提高学习效果。

ICS 教学模式自我评价包含是否认真专注、是否积极参与、是否独立思考、是否主动探索、能否自由表达、是否善于合作、是否敢于否定和兴趣是否浓厚八个方面。从这八个方面制定学生自我评价表，评价等级分为优、良、中三个等级，分别对应 5 分、3 分和 1 分。将学生每节课的自我评价积分、课后检测积分、作业积分和教师评价积分等累加起来，作为检

测学生学习效果的依据。不同积分的学生可以晋级不同等级，这种过程性评价可以有效促进学生的自我管理。注意评价方式要符合学生的年龄特征，对于小学生，教师可以用小红花、小红旗等评价形式调动学生的积极性，对于中学生则主要以学生的自我评价来激发其内心成就感。

第五章

ICS 教学模式课例分析

第一节 感知信息科技

一、课题分析

（一）课题概要

当你想念远隔千里的亲人时，你会选择写信、打电话，还是发邮件或是通过微信与他联系呢？信息科技发展速度之快远远超过人们的想象，信息科技的发展颠覆了许多传统的思维和行为模式，日益改变着人们的生活和学习方式。

信息与人的活动息息相关。在这部分内容中，可以通过一些案例，分析信息获取、加工、处理、存储和发布的过程，感受信息科技在我们学习和生活中的应用，了解信息科技与计算机的发展历程；了解计算机在信息科技中的地位和作用，树立信息安全意识，养成良好的信息活动行为习惯，遵守与信息活动相关的法律法规与伦理道德规范，健康地、安全地、负责任地使用信息科技。在学习时，要积极思考，大胆表达思想，学会交流与合作，努力培养良好的信息素养，成为信息时代的文明使者。

（二）教学内容

1. 了解信息与信息科技在社会生活中的作用与影响。

例1：能初步讨论信息在社会生活中的作用，以及信息科技应用中可能产生的积极和消极影响。

例2：能列举若干信息科技产品，并讨论其在社会生活中所产生的影响和作用。

2. 了解现代信息科技及其发展状况与趋势。

例：通过收集资料简单了解目前信息科技的发展状况与趋势，能列举若干最新发展成果及作用。

3. 能初步评估日常信息科技应用实例中可能存在的安全风险，知道基本的防范对策，初步鉴别日常的信息科技应用行为是否符合法律法规、道德与行为规范。

（三）教学建议

教学中，教师可以创设贴近学生生活的教学情境，引导学生使用数字设备解决学习与生活中的小问题，感悟数字设备带来的新的学习方式；在数字化环境下交流与分享时，帮助学生养成友善评论、正确使用数字设备的好习惯，使学生乐于与他人分享信息[①]。

在实际教学中，教师可借助交互的数字设备，如学校、图书馆等公共场所的电子导览，带领学生学习和理解简单的规则，让学生能便捷地参与社会活动；在与智能语音助手交互过程中，教师可以演示语音输入、键盘输入等简单的交互方法，让学生初步体会信息科技为生活带来的便捷，进一步增强探究信息科技的兴趣。

二、教学现场

（一）课题

《信息与信息的技术》。

（二）教学内容分析

本课主要内容是让学生认识信息与信息技术，掌握信息获取的一般过程，激发学生对信息科技课程的学习兴趣。通过列举一些生活常见案例，让学生感受无处不在的信息，引导学生主动获取信息、分析信息和使用信息的能力。

---

① 教育部. 义务教育信息科技课程标准（2022年版）[M]. 北京：北京师范大学出版社，2022.

（三）教学目标

1. 了解信息的基本概念，会举例说明信息的基本特征。

2. 通过了解信息获取、加工、处理、存储和发布的过程，明晰信息与信息技术的区别和联系。

3. 激发学生深入学习的兴趣，体会信息科技的魅力，形成分析和解决问题的意识和能力，提升信息素养。

（四）教学重难点

教学重难点：剖析信息获取、加工、处理、存储和发布过程。

（五）学情分析

七年级学生刚刚步入初中，好玩好动，思维方式比较活跃，对于信息与信息科技有一定的了解，但是往往只会从信息的浅层次分析，很少会从更多的角度进行深度思考，所以宜采取游戏、任务驱动等多种方式，创造条件让学生去实践，建立信息意识。由于学生的基础不同，所以应创造不同层次的问题和任务，让学生去实践，使所有学生信息素养都能得到提高。

（六）教学策略

本课是七年级的起始课，既要理清思路，又要激发兴趣。以案例分析为主，学生先在网络查阅相关资料，然后小组合作讨论，辅之以游戏，使每个学生都能积极体验并参与教学，有所收获。

（七）教学环境

多媒体网络教室。

（八）课时安排

1课时。

（九）教学过程

表 5-1 《信息与信息技术》教学过程

教学环节	教师活动	学生活动	设计意图	时间
视频引入新课	播放《生活在信息社会》的视频。激发学生努力学习的动力，健康使用信息技术的习惯。只有当我们做好了思想、知识和能力的准备时，才能在信息社会中更好地生存与发展	观看视频并思考如何才能在信息社会更好地生存	激发学生的学习兴趣和积极性，引入新课。让学生体会到信息社会，谁能快速感知信息、认知信息并拥有大量有价值的信息，谁就拥有成功的机会	3分钟
网络搜索了解信息	提问："什么是信息？"总结：信息的定义有很多，从不同的角度就有不同的定义。从信息的地位、作用、内容和意义，对信息做不同的解释，说明信息的定义是不唯一的	阅读课本或利用网络搜索什么是信息。了解信息的概念由来，体会信息概念不断变化的过程	采用任务驱动法，鼓励学生积极探究，完成学习任务。培养学生的自主学习能力及团结互助的精神	5分钟
	从学生身边的信息入手，吃、穿、住、行、用等方方面面，说明信息无处不在，无时不在，说明信息具有普遍性的特征	总结信息无处不在，人类离不开信息	说明信息无处不在，伴随着生活的方方面面，体现了信息的普遍性	
研究案例总结共性	提问："文字是信息吗？"在投影上出示一幅凌乱的图片，提问："谁能说一说这张图片上是什么内容，你能从上面获取到相应的信息吗？"又投影出一张图片，这是之前的图片的复原图，再让	观察教师展示的文字、图片等，总结信息的存在方式	培养学生的观察、领悟能力，帮助学生进一步明确什么是信息，信息以什么方式存在，增强学生对信息的敏感度	4分钟

续表

教学环节	教师活动	学生活动	设计意图	时间
研究案例总结共性	学生说一说从图片中能获取到了什么信息。 总结：信息无处不在，但信息不能独立存在，它必须依附于文字、图像、声音、动画等才能存在。这些文字、图像、声音、动画等称为信息载体			20分钟
	信息具有的特性： 传递性（游戏：传话筒）； 价值性（案例：明天有雨，请带雨具）； 时效性； 共享性； 真伪性	四位同学参与游戏，一起体会信息传递性；通过不同方式体验信息的各种特征	通过现场游戏，让学生体会信息的传递性；通过"明天有雨，请带雨具"说明信息的价值性；通过案例分析让学生明确信息的时效性、共享性和真伪性	
常用信息处理工具	收集信息的工具：数码相机，摄像机等； 存储信息的工具：光盘、硬盘、U盘等； 传递信息的工具：电话、网络等； 处理信息的工具：计算机	通过观察、体验等方式了解常用的信息处理工具	让学生了解常用的信息处理工具，知道信息的存储方式	5分钟
课堂小结	"今天，我们通过观察、体验等一系列活动，感受到无时不在、无处不在的信息，捕捉了信息的基本特征。信息是先机，是财富，要准确把握有价值的信息，做时代先行者。要学会把握信息以及掌握各种信息处理技术。"	聆听，总结本节课的内容	帮助学生巩固所学内容	3分钟

三、教学评价

《信息与信息技术》一课以案例分析为主，先让学生查阅相关资料，然后小组合作讨论，辅之以游戏，使每个学生都能积极体验并参与学习，有所收获。学生使用"传话筒"游戏，在轻松愉快的氛围中体验到信息的传递性特征；以"明天有雨，请带雨具"这一案例展现了信息的价值性特征。学生通过课程的学习，能明确什么是信息、信息的基本特征，知道常用的信息处理工具。

四、实施方略

（一）游戏教学，激发兴趣

教师想要通过教学活动提升学生的创新能力，首先要在教学方法上创新。选择学生比较喜欢的学习方式，能有效调动学生探究学习的动力，信息科技课程教学中教师为学生讲解知识的时候，要考虑到学生的兴趣。将游戏化的教学方式和信息科技课程教学相结合，就能有助于调动学生学习探究的动力，让学生在学习信息科技知识的时候发挥主观能动性。案例中的"传话筒"游戏达到了寓教于乐的教学效果。

（二）生活素材，灵活应用

《感知信息科技》是让学生知道信息与人类活动息息相关。信息与人类活动息息相关，可以灵活运用生活素材，分析信息获取、加工、处理、存储和发布的过程。将生活素材合理收集起来，调动学生参与学习的动力，从而为学生的可持续学习打下坚实基础。灵活应用生活素材是比较关键的，要突出学生的主体地位，让学生在课堂中发挥主观能动性，学生在产生共鸣的基础上学习，才能真正提高学习的能力。教师在课堂教学中要积极鼓励学生，让学生利用生活中的素材来感知信息科技，了解信息就在自己身边，信息无处不在、无时不在。

第二节　计算机应用基础

一、课题分析

（一）课题概要

计算机操作系统是计算机软件和硬件资源的管理者。要使用计算机，首先要了解和掌握计算机操作系统的使用方法。当前，常用的计算机操作系统有 Windows 系统、Mac OS 系统、Linux 系统和 Unix 系统四种，当然还有一些其他使用不多的操作系统，如：M-DOS 系统、MS-DOS 系统、Chrome OS 系统等。另外还有国产的华为鸿蒙系统。这是一款多终端分布式操作系统，可应用在个人计算机、手机、电视、智能终端上，目前已经在智能电视、智能手表、智能手环上使用。

计算机的应用基础将以常用的一种操作系统为例，教学生如何使用操作系统，如何管理和操作计算机中的文件，如何查看计算机资源，如何安装与卸载程序以及如何设置用户的工作环境等内容。在学习过程中，要让学生多动脑，多操作，多交流。争取熟练掌握一种操作系统的基本操作方法，并尝试迁移到不同的操作系统中，以适应未来使用不同操作系统的需求。

（二）教学内容

1. 知道计算机系统由硬件系统和软件系统两大部分组成，认识硬件和软件配置共同决定了计算机的性能差异。

　　例：明确硬件和软件组合构成具有相应功能的计算机系统。通过真实的案例认识不同计算机的功能差异，可能是硬件不同引起的，也可能是软件不同引起的。

2. 认识计算机硬件的组成结构、功能特性及其基本工作原理。

　　例 1：引导学生从计算机硬件的外观组成转入对内部结构组

成的认识，能说出中央处理器 CPU（包括运算器和控制器）、存储器、输入设备、输出设备的基本功能特性，能简单描述计算机工作过程的基本原理。

例 2：能列举计算机常见的硬件设备，通过查看个人计算机的配置清单，初步了解中央处理器 CPU、内存、硬盘、显示器等硬件设备性能参数的意义。

例 3：能看懂计算机外设连接线路图，正确连接外设硬件，如打印机、路由器等。

3. 了解二进制编码的特点，认识二进制在计算机中表示信息的意义。

例 1：通过对比十进制与二进制的编码规律，认识二进制编码。让学生知道不同的二进制编码可以表示不同的信息，计算机的数据和指令是通过二进制编码来表示的，二进制编码可以通过电子元件实现，从而认识二进制在计算机中的意义。

例 2：通过认识计算机中存储单位字节 byte、位 bits 与二进制的联系，再次体验二进制在计算机中的意义。

4. 了解汉字输入方法的多样性，能熟练使用一种汉字输入法。

例 1：熟悉常用的字符输入方法，掌握快捷键的操作方法，组合功能键的使用方法。

例 2：了解拼音输入法、字形输入法、笔画输入法等多种输入法，熟练掌握一种汉字输入法的输入、安装、卸载、开关等操作。

5. 了解计算机软件的分类，能列举常见的系统软件和应用软件。

例：通过实例认识计算机软件包括系统软件和应用软件两大类，其中日常生活中常见的应用软件有办公软件、图像处理软件、通信软件、多媒体制作软件、媒体播放软件以及各种工具软件等。

6. 了解操作系统的基本概念、发展状况和简单工作原理，能使用一种计算机操作系统。

例 1：了解计算机、平板电脑、手机等常用的操作系统。

例 2：懂得查看计算机当前的硬件和软件属性，查看磁盘（存储器）存储空间，重新设置日期、时间和外观等。

7. 能根据提示安装软件，会使用技术手册或软件的帮助说明。

  例：知道压缩软件、媒体播放软件、字典翻译软件等的安装和使用。

8. 熟悉日常人机交互的方式，能选择合适的应用软件并根据屏幕提示信息完成简单应用，能基本适应用户界面的发展变化。

  例1：熟悉窗口、菜单和图标的使用方法，感受字符命令操作界面的使用特点。

  例2：熟练使用合适的应用软件欣赏图片、音乐、视频节目、浏览网页等。

9. 熟练掌握文件和文件夹的相关知识、组织管理方法和属性查看操作，提升对文件查询和组织管理的效率意识、安全意识和应用能力。

  例1：熟悉多种文件查看方式和文件排列方式，并能根据需要灵活应用。知道文件搜索工具的使用方法。

  例2：知道系统文件与用户文件要分开分类存放，系统文件存放在启动盘，用户文件存放在非启动盘。

10. 了解计算机病毒的常见类型及危害，懂得基本的防范措施。增强使用计算机的安全保护意识，养成良好的操作习惯。

  例1：从计算机外部存储设备（如U盘中）读取信息前，注意进行病毒检查，通过外部存储设备传递信息时，注意设置信息的写入保护，预防计算机病毒的传染。

  例2：进一步了解计算机对防尘、防潮、稳压、防静电等方面的要求。

11. 关注软件应用所涉及的社会道德问题，尊重知识产权，负责任地使用软件。

  例1：不同的软件类型有不同的软件使用许可，如自由软件、共享软件、免费软件和商业软件等。

  例2：组织讨论复制光盘的拷贝是否盗版侵权。

  例3：了解日常学习生活中哪些是负责任的信息科技应用行为。

（三）教学建议

1. 结合日常学习中的实际应用，如各学科学习资料的搜集、录入和保存，让学生进一步熟悉计算机的基本操作。

2. 通过常用的应用软件，如压缩软件、媒体播放软件、翻译软件等的获取、安装、阅读使用说明、设置软件界面和应用等，让学生体验软件使用的基本过程与方法。

二、教学现场

（一）课题

《神奇的二进制》。

（二）教学内容分析

《神奇的二进制》主要介绍二进制与十进制的相互转换、用二进制表示字符以及计算机如何使用二进制显示图像等。本课一直以来是信息科技学科的一个教学难点，被视为枯燥无味的内容。

（三）教学目标

1. 自主学习掌握二进制与十进制的转换方法，培养学生的计算思维。

2. 小组合作探究掌握用二进制表示字符的方法，掌握基本的计算机表示字符的基本原理。

3. 了解计算机如何使用二进制显示图像，增强学生的学习兴趣。

（四）教学重难点

1. 掌握二进制与十进制的相互转换。
2. 掌握用二进制表示字符的方法。

（五）学情分析

七年级学生的理解能力、思考能力和认知能力都有了一定的发展，生活经验也比较丰富，已经接触了几年的计算机，有一定的操作能力，但对计算机的内部原理还不清楚。通过本节课的学习，掌握二进制与十进制的相互转换，掌握使用二进制表示字符的方法。学生理解计算机使用二进制显示图像有些困难，可以通过 flash 游戏模拟计算机显示图像的方法帮助理解。

（六）教学策略

本节课采用"手指法"表示二进制，手指伸直表示 1，手指弯曲表示 0。通过"手指法"把复杂问题简单化，抽象问题形象化，使学生快速掌握二进制与十进制的相互转换，用小组合作模拟转换二进制表示字符的过程，使学生亲身体验，帮助学生理解二进制表示字符的原理；通过制作 flash 模拟显示器，使学生自己设计二进制显示图像，体验显示器显示图像的过程，形象生动，有助于学生了解计算机使用二进制显示图像的原理。

（七）教学环境

多媒体网络教室。

（八）课时安排

1 课时。

（九）教学过程

表 5-2 《神奇的二进制》教学过程

教学环节	教师活动	学生活动	设计意图	时间
新课引入	提问："一只手能表示多少个数字？"要求学生从大拇指到小拇指依次写上数字：16、8、4、2、1	抢答教师提出的问题。从大拇指到小拇指依次写上数字：16、8、4、2、1	引起学生的兴趣，激发学生的学习热情	3分钟

续表

教学环节	教师活动	学生活动	设计意图	时间
抽测	关注学生的回答是否正确	根据老师的手势说出所表示的十进制数	检查学生预习情况	3分钟
自主学习	个别辅导,要求学生在规定的时间内完成自主学习"红绿灯"和"扫雷"任务。注意提示时间	使用"手指法"自主学习二进制与十进制的转化,完成"红绿灯"与"扫雷"任务。组长分配好展示任务	学生自我检测是否掌握了二进制与十进制的相互转换	5分钟
展示质疑	观察学生的展示讲解和质疑回答过程。对学生讲解不完整的知识点进行补充,解答学生存在难点的问题	获得展示机会的小组上台展示,其他小组负责质疑、补充或点评	展示有助于进一步掌握二进制与十进制相互转换方法。质疑可以解决该部分疑难问题	7分钟
合作探究	参与学生的小组讨论,发现问题及时帮助学生。掌握学生讨论的时间和进度	小组合作,组长协调分工,组员之间讨论,共同制定出传递"祝福发发"游戏的内容,选择合适的肢体语言进行二进制编码和排练	通过有趣的肢体游戏传递"祝福发发"信息,帮助学生掌握用二进制表示字符的方法,突破本节课的难点	7分钟
展示质疑	选取上台展示的小组,认真倾听学生的演示和讲解,对讲解不完整的内容进行补充说明,并对展示小组进行点评	被选到的小组通过肢体演示传递信息,其余小组及时解码出传递的信息(选取2至3个小组演示)		5分钟

续表

教学环节	教师活动	学生活动	设计意图	时间
自主设计	及时辅导有需要的学生。布置实践应用任务：思考自己要设计的点阵图像，在flash游戏界面设计图像	完成实践应用，了解计算机如何使用二进制显示图像。在flash游戏界面设计二进制显示图像	通过游戏帮助学生理解计算机如何使用二进制显示图像	8分钟
课堂小结	讲述生活中应用二进制的实例：光盘、硬盘、黑白打印机和传真机等，总结本节课的学习内容。布置课后探究任务，供学有余力的学生深入学习：1. 本节课学习的是用二进制表示字母，那计算机是如何表示中文呢？2. 学习了用二进制表示了黑白图案，那彩色的图案应该怎么表示呢？	认真听讲并总结本节课的内容，学有余力的同学完成课后探究任务	总结本节课的内容，为进一步深入学习相关知识做好铺垫	2分钟

（十）附件

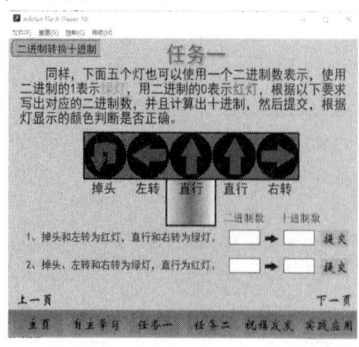

图 5-1　红绿灯游戏界面

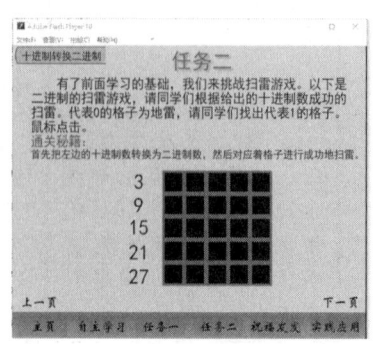

图 5-2　扫雷游戏界面

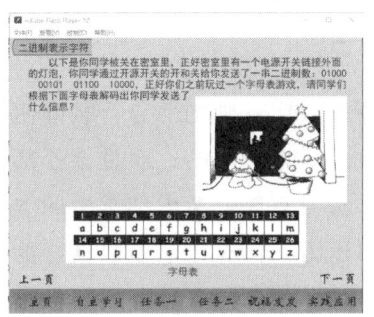
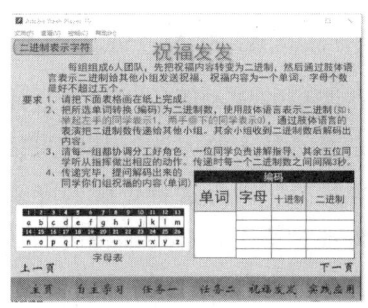

图 5-3　字母表游戏界面　　　　图 5-4　祝福发发游戏界面

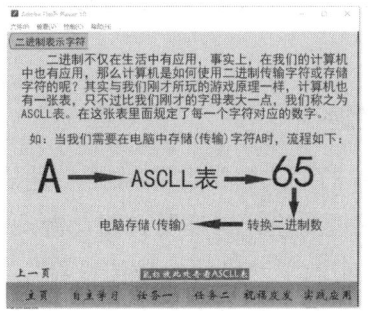
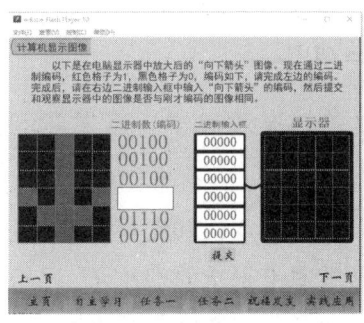

图 5-5　介绍 ASCLL 码界面　　　图 5-6　编码设计界面

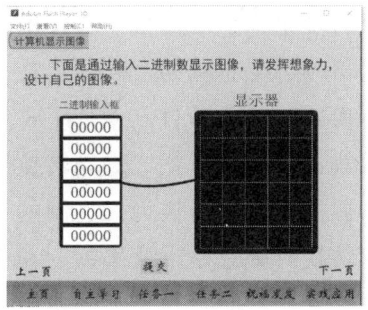
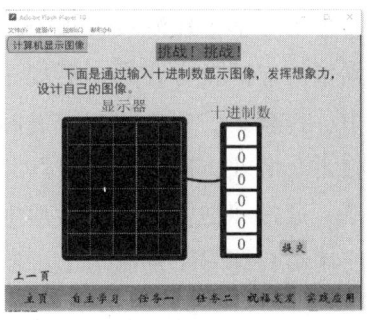

图 5-7　设计图形界面　　　　　图 5-8　挑战设计界面

三、实施方略

（一）巧妙引入，促进新知学习

在课程的导入环节，特别是计算机应用基础的部分，教师使用直接导入或是复习导入的方法，其效果往往是不太理想的，而且会让部分学生产生抵触情绪。因为这种传统的导入方法没有充分考虑到学生的学习特点和内在需求，给学生带来了较大的学习压力，没有让学生以良好的状态进入课程的学习。教师应改变思路，巧妙设计新课导入环节，如在教学"二进制"的相关知识时，让学生猜猜一个手可以表示多少个数。引出用手指的屈伸代表二进制的 0 和 1，让学生在大拇指到小拇指上依次写下 16、8、4、2、1，激发学生的兴趣，让学生在学习初期就能够调整好心态，主动投入学习活动中。

（二）游戏教学，激发学习兴趣

游戏教学，顾名思义就是"以游戏的形式教学"，游戏是一种创造过程，是人类的自由本性和完整人格充分展现的途径与证明，因此游戏成分在教学过程中具有很重要的意义，是最能实现学习目的的最佳境界[1]。在选择教学游戏时，教师和学生有不同的任务。教师的任务是为学生选择合适的游戏以满足教学的需求，使游戏具有较强的针对性。学生的任务是熟悉游戏，明确游戏规则，熟悉操作方式，了解游戏流程。

通过引导学生在游戏过程中注重对理论知识的衔接、对技术的运用，脱离刻板的应试教育背景，更加注重培养学生思维的发散和个性的张扬[2]。案例中，在教学"二进制与十进制转换"时，教师自己设计了"红绿灯"和"扫雷"游戏，通过"红绿灯"游戏让学生掌握把二进制转换为十进制的方法；通过"扫雷"游戏让学生掌握把十进制转换为二进制的方法。学生在使用游戏练习二进制与十进制的转换时，总是乐此不疲，在不知不觉

---

[1] 吕国光，张燕. 关于游戏教学的若干研究[J]. 韶关学院学报，2011，32（3）：130-134.
[2] 刘帅，李建伟，勾学荣. 互动式移动学习系统的设计与开发[J]. 北京邮电大学学报（社会科学版），2014，16（6）：111-116.

中学会了二进制与十进制的转换。

通过寓教于乐的方式，让学生在潜移默化中掌握课程的相关内容，游戏教学在信息科技教学中已经成为一种非常普遍的做法，不管是学生还是教师都在游戏化活动中获得了发展。学生可以通过参与游戏，提高信息科技的学习能力，增进对知识的了解和掌握，教师则可以通过观察学生的游戏参与过程，调整教学思路，优化整体的教学安排。

在案例"二进制表示字符"的环节，教师设置了"祝福发发"游戏。组长组织小组成员设计发送祝福的内容，安排每个角色的任务。小组成员根据各自的角色发送祝福给其他小组，其他小组负责解析。在轻松愉快的环境氛围中，学生们学会了用二进制表示字符。

在众多的游戏活动当中，竞赛类游戏是深受学生欢迎的，这样的游戏当中既有合作又有良性竞争，是提高学生综合能力和班级凝聚力的一个有效方法，如教学中的抽测、自主学习、展示质疑与合作探究、为每个小组记录过程得分和最后看哪个小组的得分最高。引入竞争机制，可以最大限度地调动学生学习的积极性。

（三）角色扮演，优化课堂氛围

角色扮演教学法由 Fannin Shaftel 和 George Shaftel 于 1967 年建立，即由表演问题情境和讨论表演来探索感情、态度、价值、人际关系问题和问题解决策略[1]。角色扮演教学法是学习者在假设环境以某一角色身份进行活动以达到学习目标的一种教学方法，根据教学要求设计一个逼真的工作情境，如工商企业、政府、社会组织某一部门，学生扮演情境中相应的角色，按设定岗位的职能及人际关系，尝试处理各种事务[2]。

在教学《即时信息交流工具》这一内容时，运用了角色扮演法实施教学，优化了课堂氛围，激发了学生的兴趣，让学生体验到了 QQ 和微信等工具高效、快速的优势，意识到即时信息交流工具在日常生活中所起到的

---

[1] 范新民. 角色扮演教学法在《国际商务英语谈判》教学中的应用[J]. 高等职业教育（天津职业大学学报），2011，20（3）：76-79.
[2] 顾明远. 教育大辞典[M]. 上海：上海教育出版社，1998.

重要作用，达到学以致用的目的。教学中，创设了一个社会生活情境，以"中国首位病人通过因特网'全球会诊'并得到及时救助"的真实事例为背景，根据教学目标设置不同的角色扮演活动，让学生扮演帮助者或医学专家，通过模仿他们的行为，使用QQ或微信网上交流，体验QQ或微信的特点及在日常生活中所起的重要作用，学会运用即时信息交流工具解决实际问题，感受救助者乐于助人的美好情感和团结协作的力量。实践证明，角色扮演法能活跃课堂气氛，有效提高学生的学习兴趣和积极性，拓展学生在各方面的综合素质[①]。

四、教学评价

二进制的相关知识点比较抽象，如果单纯使用讲授法，枯燥乏味，不能很好地激发学生的学习兴趣，教学效果容易不理想。本课采用了游戏教学法，把学习的知识点融入教师制作的flash游戏中，使学生积极参与课堂，真正在玩的过程中掌握二进制和十进制的相互转换，掌握用二进制表示字符和黑白图像以及了解二进制在计算机中的应用等。在授课过程中，绝大部分学生都能够很好地达成学习目标。本课不足之处是没有足够的时间让所有小组展示成果，在小组合作过程中，对个别同学的关注还不够，有待改善。

---

① 谭广英. 角色扮演法在信息技术教学中的实践[J]. 软件导刊. 教育技术，2012（7）：4.

第三节　网络应用初步

一、课题分析

（一）课题概要

今天，随着网络以及各种终端设备的不断发展，智能手机、平板电脑、多媒体计算机等走进千家万户，人们可以方便地从互联网（Internet）中查找并获取信息，如何才能及时又准确地找到对自己有用的信息？如何将网上的信息下载保存到计算机或手机中？哪些工具可以帮助人们快速和完整地下载网上的信息？互联网是一个神奇的世界，它已成为世界上覆盖面最广、规模最大、信息资源最丰富的计算机信息网络。21世纪的今天，它正在改变着人们的学习、生活方式，懂得并善于运用互联网是时代提出的要求。要了解互联网的多种服务功能，学会使用互联网，形成利用网络获取信息的能力，能够把信息科技作为学习与交流的工具和手段。

信息交流是人类社会不可缺少的活动，自从有了电脑网络，人类信息交流的方式发生了翻天覆地的变化。通过互联网，人们可以随时随地和别人进行文字、声音、视频的交流，即使朋友远在天涯海角，也好像比邻而居。电脑网络彻底改变了人类信息交流的方式。

（二）教学内容

1. 能根据需要使用智能工具在允许的网络环境中查看信息资源，访问和上传共享信息。

　　例1：在校园网或公共图书登录网络信息系统，根据用户权限访问文件、查找信息。

　　例2：会在浏览器中输入服务器的IP地址或域名地址浏览网页信息。

　　例3：知道网络地址（统一资源定位器，URL）的含义，能找到指定地址中的文件，进一步理解超级链接的意义。

例 4：能在智能手机中安装需要的 App 应用，通过扫描、定位和搜索功能，查找商品、地域和人员等信息。

2. 了解计算机网络的常见类型、组成设备及其作用。

例 1：通过具体应用实例，知道计算机网络中广域网、局域网、有线网、无线网等常见术语的含义，并通过网络拓扑图了解其基本组成与特点。

例 2：通过具体应用实例，了解服务器、客户端、路由器、交换机、传输介质等在网络中的不同作用。

3. 知道 IP 地址、域名、协议的含义，了解其一般配置过程和方法。

4. 了解和体验计算机局域网的组建过程与方法。

例：家庭计算机网络一般为局域网，尝试或体验组建家庭计算机网络，包括有线和无线两种连接方式。

5. 了解和体验简单网站的网页制作、文件管理与发布过程。

例：通过制作班级网站了解和体验网站的网页制作、文件管理与发布过程。

6. 了解一般电子商务平台的基本架构与建站流程，体验网上购物和电子支付的过程，知道电子商务的风险和规避其风险的一般方法。

例：通过搜集当前电子商务平台系统的案例资料，了解某种电子商务平台的基本系统架构和建站流程，初步知道小型网店的运作方式。

（三）教学建议

结合学科学习需要，帮助学生通过即时通信工具、电子邮件和教学网站等网络工具在网上提交作业、开展网上学习、收集与管理学习资料等活动，让学生充分利用计算机网络开展学习，进一步加深对计算机网络应用的体验。

二、教学现场

（一）课题

《用云盘存储文件》。

（二）教学内容分析

本节课的教学内容是《用云盘存储文件》。随着移动互联网时代的到来，云盘被越来越多的人所使用和熟悉，本节课的内容通俗易懂，不涉及深奥的理论知识。可以通过学生自主学习，合作探究完成任务，达成教学目标。本课的主要内容是让学生学会使用云盘，掌握云盘的常见操作，如上传、下载、隐藏功能和分享文件等。

（三）教学目标

1. 自主学习云盘的定义，会使用网页或客户端登录云盘，提升学生的信息素养。
2. 合作探究掌握云盘的分享文件、隐藏空间等常用功能，培养学生的合作探究能力。
3. 以百度云盘为例，通过使用云盘，感受信息科技的便捷性和工具性。

（四）教学重难点

1. 使用云盘客户端设置隐藏功能，理解隐藏功能的含义。
2. 使用云盘客户端和网页版云盘分享文件。

（五）学情分析

七年级学生思维活跃，对要认识的事物有强烈的探究欲望，有展示自己的渴望，希望得到肯定。以学生为中心，让学生通过自主学习、合作探究解决遇到的问题，有利于培养学生的主观能动性，提高课堂教学效率与教学质量。

（六）教学策略

本课主要采用 ICS 教学模式。创设了"孙大圣下界"的情境主线，由学生自主学习、熟练操作、发现问题，通过合作探究和教师指导等方式解决问题。

（七）教学环境

多媒体网络教室。

（八）课时安排

1课时。

（九）教学过程

表 5-3 《用云盘存储文件》教学过程

教学环节	教师活动	学生活动	设计意图	时间
情境导入	利用"孙大圣下界"在使用电子设备时遇到的问题引入本节课的内容：用云盘存储文件	回答老师提出的问题，知道什么是云盘，了解常见的云盘有哪些	利用学生感兴趣的故事主人公遇到的问题引入新课，激发学生的兴趣。让学生在轻松快乐的气氛中知道云盘的定义和功能，了解常见的云盘	22分钟
自主学习	方法1： 用网页创建云盘账号： （1）访问云盘网址 （2）创建云盘账号	学生根据自己的情况选择方法1或方法2，利用已有的QQ账号创建云盘账号并登录。如果在操作过程中遇到困难，可查看老师提供的微视频。登录后上传老师提供的素材	这部分内容相对简单，学生可通过自主学习掌握，但由于学生基础不同，个别学生可能仍会遇到困难，所以老师为每一步操作都提供了微视频，供有需要的学生使用。学生所上传的素材由老师提供，老师可根据情况提供学生感兴趣的内容，如班级同学的照片、同学喜欢的文档、音乐等。	110分钟

续表

教学环节	教师活动	学生活动	设计意图	时间
	方法2： 用云盘客户端创建云盘账号： （1）下载云盘客户端。 （2）安装客户端。 （3）创建云盘账号		这里没有让学生注册云盘账号，而是利用学生的QQ号进行第三方登录创建。因为在电脑室受网络限制，注册很难成功	
合作探究	布置"分享文件"任务并提供视频教程。 布置"隐藏空间"任务并提供视频教程	按照老师分配的任务与小组同学合作探究，操作过程可参考老师提供的视频教程	这部分内容对学生来讲有一定的难度，通过小组同学合作探究来完成，在探究过程中遇到问题可以查看锦囊	77分钟
展示点评	认真倾听学生的展示，对在展示过程出现的问题进行补充	每组安排代表展示合作探究的成果，讲解演示操作。其他同学认真观察，及时提出问题	在探究之后安排展示点评环节，用以检测学生合作探究的效果，对学生在探究过程中的问题及时修正和补充，保证合作探究的有效性。学生上讲台展示，锻炼学生的表达力，增强学生的自信心	110分钟
巩固实践	提出问题："换位置后，学生是否还会使用云盘"要求学生注销自己的云盘，小组互换位置后，再登录自己的云盘练习操作	换位置，登录云盘巩固练习各种操作，如上传、下载、隐藏功能、文件分享	云盘的最大优点就是跨平台使用，让学生通过互换位置，体验云盘的优点。巩固练习云盘的常用功能	88分钟
自评总结	对本节课进行总结	学生对照学习目标自评本节课的学习情况	学生在学习完一节课后，对照学习目标进行自查。梳理本节课的学习内容	33分钟

（十）附件

1. 教学流程图

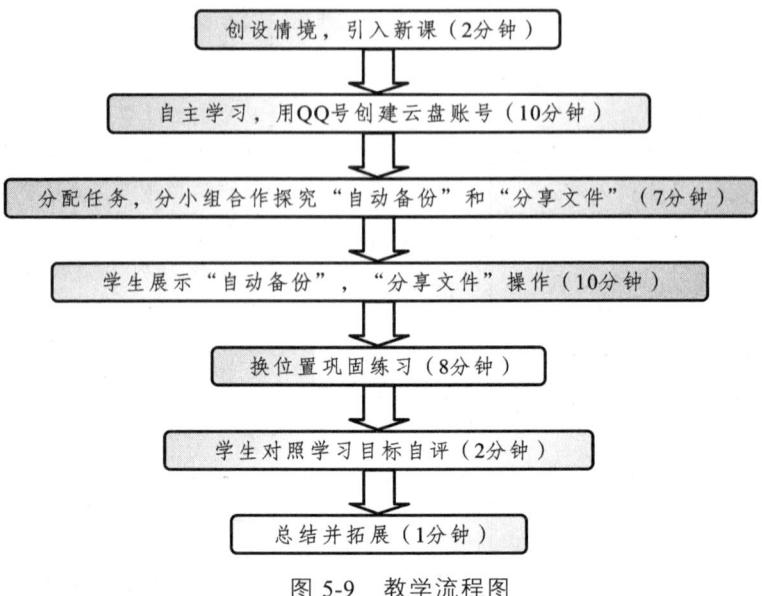

图 5-9 教学流程图

2. 教学故事情节

  教师：话说孙悟空孙大圣护唐僧在西天取得真经后，就成了佛，可在西天的日子百般无聊，于是就想下界来看看。来到人间，第一站就来到一家手机店，买了一款智能手机，接着又去电脑城购买了一台电脑、一个平板，开始了他的智能时尚生活。可是好景不长，他的手机存储空间很快就被照片和视频塞满了。于是他就打电话向猪八戒求助。八戒反问他，你在网上不是有很多空间吗？

  同学们，请问猪八戒所说的网上的空间是指什么？（学生回答云盘）。云盘又是什么呢？（引出云盘概念）。常见的云盘有哪些？（引出学习内容）

  有一天，孙大圣正在电脑前写"西天回忆录"。八戒打来电话："师兄，你的回忆录写得怎么样了？让我先饱饱眼福呗！"孙悟空无奈地说:"已经上传到云盘里了,要怎么做你才能看到?"

学生:孙大圣应该怎么做呢?(引出文件分享任务)

教师:自从孙大圣将"西天回忆录"分享给猪八戒之后,他每天都变得惴惴不安。总是担心云盘中给玉帝的"密折"被八戒看到。亲爱的同学们,你有什么好方法能帮到他吗?

掌握了云盘的文件分享和隐藏功能后,孙大圣使用云盘更加如鱼得水了。突然,天空飘来一道圣旨,玉帝召大圣去天庭传授云盘使用之道。这时,孙大圣心里打起了鼓,心想到了天庭的电脑室,他还会使用吗?同学们,如果让你换一个地方。你还会吗?接下来,就我们来实践一下。(学生换位置巩固登录云盘以及练习云盘的上传、下载、分享文件和隐藏功能等)

通过换位置实践,孙大圣终于信心满满地去天庭了。同学们,今天你们都学到了什么?(学生做自我评价和课堂总结)

三、实施方略

(一)创设主线式情境,提升信息素养

许多信息科技教师都认为创设情境有利于课堂教学的顺利开展,但往往只在导入环节使用,顺利引出新课就算是完成情境教学的任务了。其实,情境创设不仅可以应用于课堂导入环节,更可以贯穿整个课堂教学的始终,即 ICS 教学模式所倡导的主线式情境。从课前导入、课中教学到课后总结,都应科学设置情境,进而不断提升信息科技情境教学质量。

主线式情境教学法是情境教学法的灵活应用,具有情境教学法的共性,但又有自己的特色。它的特点是以某一具体人物、话题、故事或真实问题作为主线,贯穿整节课的教学,通过"一条主线",设置一系列具有内在联系的任务探究链,引导学生合作探究获得新知,进一步提升学生的信息科技核心素养。

案例中,在教学《用云盘存储文件》时,设计了"孙悟空下界"的主线式故事情节,并贯穿于课堂教学的各个环节,教师在教学过程中关注学

生的情感体验。结合教学内容为学生创设故事情境，引发学生关注，促进学生主动学习，从而更好地丰富学生情感体验。又如，在教学 Flash 动画制作的《引导层动画》这节课内容时，可以结合教学内容为学生创设如下的故事情境：学校要组织一个家长校园参观活动，需要几个学生以向导的身份为家长们引导和介绍。首先，带领家长们在签到处签到，然后依次参观教学楼、操场、学生宿舍、图书馆，如果你是被选上的学生，请问你要如何带领家长们进行参观。通过为学生创设如上的故事情境，唤起学生已有经验，使他们很自然地参与课堂，这样能够使中小学信息科技探究教学更加生动、有趣、高效。

（二）开展小组式活动，培养合作能力

小组式活动指在课堂教学中教师指导学生进行小组合作学习，使学生在有限的时间内达成学习目标。合作学习可以让学生在和谐民主的氛围中进行思想交流碰撞，整合各种好的想法，实现师生共同进步。小组合作学习已成为课堂教学的一种常用模式，它能激发学生的求知欲，发展学生的高阶思维，有利于培养学生的创新意识和实践能力。

教师在运用小组合作学习时要注意以下几点：第一，要根据教学目标、教学重难点设计适合于合作学习的内容，不能流于形式。在选择合作内容时教师要考虑该问题是否能激发学生的探究愿望，是否能实现教学目标，有没有合作讨论的价值。第二，教师要做好小组成员的分配，考虑各成员间的个性差异，提出具体的合作要求和规范，还要安排好合作的频次。第三，要把握好最佳合作时机。教师可以在突破创新处组织合作学习，在解决疑难问题时组织合作学习，在提高课堂效率时组织合作学习，在发展思维时组织合作学习。同时还要注意教师在合作学习中的地位与作用。教师是合作学习的引导者和参与者，对学生的合作学习起着引导作用。教师积极参与到合作学习可以有效调动学生的积极性，提高课堂有效性。打破学习的封闭性，倡导合作学习，是教师不懈的追求。

第四节　图文排版

一、课题分析

（一）课题概要

好的印刷品能够吸引读者注意力的原因主要有三方面：一是引人关注的主题，二是丰富的内容，三是合理巧妙的排版设计。人们阅读印刷品时，通常先注意到的是排版、主题和小标题，然后才会去细读感兴趣的内容。好的图文排版可以引发读者的兴趣，帮助读者了解主题并选定阅读的内容。

随着信息科技的发展，图文排版技术越来越普及，图文排版软件的功能越来越强大，操作也越来越便捷，即使非专业人士也能按设计意图制作出精美的图文混排作品。常用的图文排版工具有 WPS、Microsoft Word 等。

（二）教学内容

1. 了解论文、海报、校园报刊、电子出版物等日常文本的组成要素和编辑规范。

2. 掌握一种文字处理软件的基本功能和操作方法，能完成日常文本的录入、编辑与加工制作，愿意尝试提高文档加工处理效率的办法。

　　例 1：图文混排具体的操作包括录入正确的文本，选择合适的字符和字号；制作表格；插入图片与图形、文本框、艺术字和图表，定位和组合等操作；一般公式的输入；页面的设置操作；文档打印操作。

　　例 2：文档中正确运用文字、符号、标点，版面布局合理，制作完成后能够进行检查校对。

3. 能根据主题及文本类型的要求，合理组织图文信息，选用适当的方法加工创作、表达主题，并能应用到不同学科的学习活动中。

　　例：在进行海报、调查报告、校园小报、电子出版等编辑创作时，能够根据这些体裁的特点与要求，加工呈现文档，表达自己的思想。

4. 在创作实践中，学会对作品及其制作过程进行评价。

  例：能与同伴讨论创作作品的特色，并能学习吸收他人的意见和长处来改进自己的作品。

5. 把生成的图文混排文件转换成其他文件格式进行发布。

  例：可以把生成图文混排文件转换成 PDF 文件，生成可以放在网上浏览的文件等。

（三）教学建议

从学生的学习生活需要出发，选择合适的主题，应用文字处理技术完成相应主题内容的图文资料收集与编辑排版，符合该主题作品的表达要求，让学生进一步体验文字处理技术应用的过程与方法。

教学中，要让学生逐步掌握创作图文混排作品的基本思路：确定主题，收集资料，编辑排版，修改完善，成果交流。此类问题学生比较容易掌握，教师可以提供相应的学习资料，促进学生自主学习，养成良好的学习习惯。

二、教学现场一

（一）课题

《图文混排——设计电子贺卡》。

（二）教学内容分析

本节是 WPS 文字处理的重要组成部分，是不可或缺的重要章节。通过选取与学生有密切关系的实例进行实践操作来激发学生的创作兴趣，在轻松愉快的氛围中学习和应用所学知识。

本节课要求在 WPS 文字中插入文字、图片、边框和背景等内容并进行科学合理的图文排版，学生要掌握如何搜索和选取素材，以"设计制作电子贺卡"为线索，学习如何设计制作图文作品。

教学的引入环节展示漂亮美观的电子贺卡，激发学生的学习兴趣，接着通过演示、讲解让学生了解基本操作，最后通过学生实践操作和评价作品来达成教学目标。

（三）教学目标

1. 通过上网搜索、选取适合主题作品的图文素材，培养学生的信息意识。

2. 熟练运用 WPS 文字插入文字、艺术字、图片、自选图形、文本框、边框和背景图等，设计制作美观大方实用的电子贺卡，培养学生的数字化学习与创新能力。

3. 通过评价作品提高培养学生的艺术欣赏水平、评价能力和创新想象思维能力。

（四）教学重难点

1. 掌握插入背景图片、文字、艺术字和自选图形的步骤和技巧。
2. 掌握电子贺卡布局排版的设计方法。

（五）学情分析

学生在小学已学过 WPS 文字软件的基本操作，本节内容是在此基础上的深化提高和综合应用。教学中要激发学生的兴趣，学习掌握技术容易，合理美观设计有难度。学生布局设计的技巧难以驾驭，要制作优秀的电子贺卡等图文作品还要多花功夫。

（六）教学策略

1. 本节主要让学生通过设计制作电子贺卡学会在 WPS 文字中插入背景、文字、艺术字、图片等基本内容及图文混排的方法。

2. 教师可以引导学生设计制作各种类型的电子贺卡。学生自由选择，发挥想象力，创造性地搜集素材。学生通过制作贺卡掌握基本操作，通过团结协作开阔思维和培养互助能力，通过欣赏和评价作品提升鉴赏水平。

（七）教学环境

多媒体网络教室。

（八）课时安排

1课时。

（九）教学过程

表5-4 《图文混排——设计电子贺卡》教学过程

教学环节	教师活动	学生活动	设计意图	时间
新课引入	"同学们，过节日的时候，有没有收到或送过贺卡呢？贺卡有什么特点？有没有同学使用过电子贺卡呢？电子贺卡和普通贺卡的相比，有哪些优缺点？" 明确"电子贺卡"是通过计算机软件设计制作的一种节日贺卡，可以通过计算机网络传递	结合实际情况积极思考，回答问题	引入本节将要学习图文混排的内容，制作"电子贺卡"送祝福	2分钟
作品欣赏	展示优秀的节日电子贺卡。提问"节日贺卡"版面的要素、布局、设计风格有什么特点	欣赏、思考和回答	通过作品欣赏，让学生明确电子贺卡都包含哪些要素，具有哪些特点	3分钟
选定主题	明确节日贺卡选择范围有元旦、春节、元宵节、母亲节、儿童节、父亲节、中秋节、教师节、重阳节、国庆节和生日等	选定主题	选定主题，为制作电子贺卡做好准备	2分钟

续表

教学环节	教师活动	学生活动	设计意图	时间
设计提示	电子贺卡的设计步骤是：第一步：确定选题。第二步：搜集素材。第三步：设计制作。其中设计制作又分为三个步骤，首先是进行整体布局和排版的设计。接着是插入背景，以及有关的文字、艺术字、自选图形和图片等。最后是修改完善	明确制作贺卡的基本过程	明确制作贺卡的步骤和过程，有助于学生顺利设计出满意的贺卡	3分钟
制作作品	提供操作过程的微视频。对有困难的学生提供相应的指导和帮助	根据教师提供的微视频自主学习设计背景，插入艺术字、自选图形和图片，初步设计贺卡	学生通过自主学习掌握简单的内容，帮助学生学会学习，为终身学习做好准备	15分钟
指导点拨	针对学生自学过程中存在的问题进行讲解，引导学生修改完善自己的作品	根据教师的指导进一步美化和完善作品	解决学生的学习困难，修改完善作品	6分钟
作品展示	收集学生作品并展示作品	以小组为单位评选出本组的优秀作品，提交到教师机	为展示和评价作品做好准备	2分钟
评价过程	评价过程分为学生自评、学生互评及教师点评	按评价标准和要求评价作品	让学生能客观地评价自己和别人的作品	5分钟
教学总结	总结制作贺卡的一般流程，引导学生在生活中用此类方法制作出更多作品	总结本节课的收获	对本节课的内容进行总结	2分钟

（十）附件

表 5-5　作品评价表

评价内容	学生自评	教师评价
是否有文字、艺术字、自选图形、图片和背景		
主标题是否突出、文字是否清晰、图片是否得当		
文字和图片内容是否与主题相符且有健康意义		
图文内容是否丰富多彩		
图文混排整体上是否清晰分明和美观大方		
是否积极操作和团结协作		

三、教学现场二

（一）课题

《WPS 文字综合活动》。

（二）教学内容分析

1. 本节的作用和地位

本节课的课程内容是在完成本章教学内容后，密切结合学生的生活与学习实际，利用多媒体表现创意、表达思想而设计的综合实践活动。

2. 本节主要内容的介绍

本节课以湛江旅游景点为主题制作宣传板报出发，引出利用所学的文字处理软件进行创作的任务。第一部分"活动任务"说明这个实践活动的要求。第二部分"活动过程"分为观摩学习、选题和计划两个部分。观摩学习部分从平时阅读的报刊出发，介绍什么是电子报刊以及报刊的分类和要素。选题和计划部分则介绍正规报刊的出版流程及如何进行选题和计划创作流程等。第三部分是"采编素材"，分为采集素材、审查编辑、管理素材和排版四个部分。第四部分"成果与交流"通过提供一张校园报刊评价参考标准表来让学生对作品进行互相评价，交流创作心得。

（三）教学目标

1. 通过体会电子报刊的制作流程，养成用信息科技解决实际问题或帮助其他学科学习的习惯，激发学习信息科技的兴趣。

2. 能收集制作电子报刊所需要的素材，学会从网站、图书馆、课本等不同渠道获取信息，对信息进行初步加工，合理有效地整理信息。

3. 通过小组学习，合作探究完成电子报刊的制作，培养学生自主学习、合作探究的能力。

4. 对作品进行合理评价，同时评价参与活动的过程，帮助学生客观地评价自己和他人的作品。

（四）教学重难点

1. 能够运用 WPS 文字创作一份电子报刊。
2. 能规范地进行素材的管理。
3. 能够客观地评价自己和他人的作品。

（五）学情分析

七年级学生已经掌握了文字的编辑与排版、图文混排的设计与制作等操作技巧，但还没有独立创作作品的经验。大部分学生已经掌握了通过搜索引擎在互联网获取信息的方法，但部分学生仍有网络迷航的现象。七年级学生的创造力与想象力正处于旺盛阶段，求知欲比较强，热衷于探究新知识、新技能。好胜心强，容易受榜样激励，但倾向接受赞美，不希望受到批评。

（六）教学策略

教师可根据不同学生的具体情况来制定不同的教学方案。如关于选题，对于基础好的班级，可让学生自由确定创作主题，并且不限定素材信息的收集渠道。而对于基础薄弱的班级，暂时没法实施开放式选题和信息的收集，则可以由教师限定选题范围，并且把事先准备好的素材放在教学网站供学生下载，最好不要直接把素材发给学生，无论哪个层次的学生都应该经历信息获取和管理的过程。小组成员的分工也可以采取不同的方式，对于基础好、训练有素的学生，可采取企业的分工模式，把学生分成编辑人员、制作人员、版面设计人员等。对于没有经历过小组合作的学生，分工可分阶段进行，让所有学生都参与到电子报刊制作的各个阶段。无论是哪种分工模式，教师都要注意积极地监控和调整，让所有的学生都有事可做，避免让小组合作成为部分尖子生表演的舞台。关于作品评价部分，书上的"校园报刊评价标准"是参考作品竞赛的评分标准制定的，教师可根据学生的情况进行修改。可在学生制作初期就把这个评分标准表发给学生，让学生的制作有一个对照标准，同时也避免了突然出现在评价阶段学生还没来得及仔细阅读就自行盲目评分的情况，帮助学生更加客观地评价自己和他人的作品。

（七）教学环境

多媒体网络教室。

（八）课时安排

1课时。

（九）教学过程

表5-6 《WPS文字综合活动》教学过程

教学环节	教师活动	学生活动	设计意图	时间
新课引入	"本市要创建优秀旅游城市。本课以制作旅游景点的宣传板报为主题，为创建优秀旅游城市贡献力量。"	聆听，做好准备	激发兴趣，引入课题	2分钟
自主创作	指导学生获取素材，引导学生从素材中选取有价值的信息	下载素材及优秀作品，观摩学习自主创作	让学生参考优秀作品，可以让学生的创作有一定基础	2分钟

续表

教学环节	教师活动	学生活动	设计意图	时间
	明确要求：制作以本市旅游景点为主题的宣传板报		让学生通过自主创作，进一步熟悉艺术字、自选图形、图片、背景与边框的设置方法，增加学生的成就感，激发学生学习的兴趣	10分钟
		组长指导，相互讨论，完成作品创作	解决学生在自主创作过程中存在的问题	10分钟
		小组成员互相欣赏作品，组长组织选出本组优秀作品，为评价作品做好准备	欣赏作品，取长补短，为下阶段的评价交流做好准备	1分钟
评价交流	组织学生评价作品	学生自评	引导学生正确地评价自己的作品，发现作品的优点和不足	2分钟
		学生互评	引导学生客观评价别人的作品。学习别人作品的优点，学会使用合适的方式向别人提出自己不同的看法或建议	4分钟
		教师点评	教师点评可以弥补学生评价的不足，从激励的方面去评价学生，激发学生的创作兴趣	3分钟
修改完善	要求学生根据评价进一步修改和完善作品	完善自己的作品，提交作业	让学生及时修改作品中的不足，有助于学生创作出更好的作品	5分钟

续表

教学环节	教师活动	学生活动	设计意图	时间
课堂小结	总结本节课的内容，对学生提出更高的学习要求，供学生进一步学习提高	总结本节课的收获	有助于学生更好地掌握本节课的内容	1分钟

四、教学评价

《图文混排——设计电子贺卡》是在学习了 WPS 基本操作、文本排版、图片插入基础上安排的教学内容，旨在培养学生综合应用 WPS 文字解决实际问题的能力。本课使用了启示法、提问法、讨论法、任务驱动法、演示操作法等多种教学方法，以学生主动参与为目的，激发学生的积极性，营造一种轻松愉快的课堂气氛。在教师的鼓励和启发下，使学生能够积极主动地学习和创作，不仅学会设计制作电子贺卡，而且能创作更多的图文作品；激发了学生团结合作、共同发展、探究创造、操作实践和主动学习的精神。

《WPS 文字综合活动》这节课教学方法多样，给学生提供了一个展示自我的平台，得到了学生的普遍欢迎，取得了良好的教学效果。一开始设计以朋友来本市旅游引入创作旅游景点宣传板报，效果不是很好，后来改用本市要创建优秀旅游城市来引入课题，要求学生通过创作旅游景点宣传板报的形式贡献自己的力量，达到了理想的效果。学生在创作作品的过程中，对学习过的图文混排已相当熟练。课程实施过程中还设置了"小老师"环节，让学生分组指导。在作品评价的过程中，采用了学生自评、同学互评、教师点评的方式，比较全面，学生反应也比较好。在评价完作品之后让学生进一步修改作品，这使得最终的作品比较完善。

这两节课都是在多媒体电脑室进行的，学生能自由收集更多的创作素材，教师为学生提供了相应的网站，还专门设计了包含学习重难点的微视频教程，同时为学生提供了优秀作品，如电子贺卡、电子板报、杂志封面、图片素材等。为了实现评价主体的多元化，教师为学生提供了评价量表，作为学生自评、互评的评价依据。

五、实施方略

（一）确定选题

选择与学生实际生活紧密联系的主题进行创作，能有效激发学生的学习兴趣。主题要鲜明、新颖、有创意，内容健康、充实，符合学生好奇、积极的特点，且要建立在学生实际掌握的基础知识之上。

（二）获取素材

通过确定选题，学生可以明确要完成的任务，教师要指导学生学会从书本、杂志、报刊等搜集文本信息，也要学会从网络上下载文本和图片，还可以自己撰写文字，对搜集到的素材整理加工后再利用。如果学生基础不好或者没有网络条件，也可以由教师提供丰富的资料供学生选择，注意一定要选择适合学生年龄、兴趣和特点的素材。

（三）设计制作

设计制作是作品创作最核心、最重要的部分，设计制作水平直接决定着作品的质量。在学生设计制作的过程中，ICS 教学模式主张教师为学生提供操作教程或微视频，让学生通过自主学习掌握一些基础的操作技能，培养学生的自主学习能力，为终身学习打下良好的基础。

1. 文本的录入和编辑

对自己撰写或从书本、杂志收集到的文章，要进行录入。从网络下载的文本，要利用基本的编辑方法加以整理，注意要尊重版权，注明出处。其中，对于文本的格式设置，要指导学生将文本的字体、大小、颜色、间距等设置得当，并且要与整体版面协调。段落格式设置，能够很好地控制段落的缩进、调整对齐方式，学会利用最小值、固定值、多倍行距等方法，并知道它们的区别。分栏设置，分栏的数目恰当，同一标题下的内容分栏后相对集中。

2. 图形对象使用

要用到多种图片、自选图形、艺术字和文本框等对象。其中，标题要综合应用艺术字、图片等，数量不宜太多，要恰到好处。内容、版面设计要协调。图形与文本对象的环绕要合理。

3. 背景和边框

在设计的过程中，学生可根据需要设计作品的背景和边框等其他元素，丰富作品表现形式，完善作品。

（四）修改完善

在学生初步完成作品后，教师可展示两到三份优秀作品并详细评价其优缺点，学生根据优秀作品和教师评价进一步修改完善作品，保证作品的质量。

（五）交流评价

ICS 教学模式以小组为单位对学生进行综合评价。完成作品后，小组内每位成员对自己所做的作品进行介绍，成员之间相互打分，得分最高的同学获得向全班同学展示的机会。在展示优秀作品时要注意两个方面，一方面讲解自己的操作过程，另一方面也要讲解自己的设计思路。根据课堂的时间情况，可以选取多个小组展示优秀作品。学生在展示和欣赏作品的过程中，逐步学会正确地评价作品。

第五节　数据处理

一、课题分析

（一）课题概要

信息蕴含在数据中，但在实际生活中，人们面对的往往是大量的，有时甚至是杂乱无章的数据，要揭示数据中隐含的信息，就必须对数据进行统计。比如，考试结束了，老师想知道全班考得怎么样，同学们想知道自己考得怎么样，要获取这些信息，需要对学生的原始成绩进行统计。那么，如何对数据进行统计分析呢？运用 WPS 表格，就可以轻松地实现这一切。

生活中，人们总是喜欢把各种信息记录在表格里，习惯用表格统计和处理各种数据。WPS 表格可以完成输入、统计、分析等多项工作，完成许多复杂的数据运算、数据统计和分析预测，并且具有强大的图表制作功能，通过生成精美、直观的表格和图表，将数据图形化，准确、直观地表达信息和观点。

目前，许多企业都使用电子表格统计分析数据，为公司在制定政策、执行决策等方面提供有效的参考依据。如果能够熟练地使用电子表格软件，将会大大提高学习和工作的效率。学生通过《数据处理》章节的学习，可以体验到电子表格的各种魅力，学会使用电子表格进行数据分析和统计，生成利用电子表格开展学习和研究的能力。

（二）教学内容

1. 掌握一种数据处理软件的基本功能和操作方法，正确理解工作簿、工作表、单元格、函数和公式等概念及一般应用。

　　例1：掌握建立、打开、保存、退出工作簿、添加、删除、移位、重命名工作表的操作。

例2：掌握表格数据的输入、编辑、计算等操作。

2. 知道调用单元格、工作表中数据的方法，能够根据需求，选用适当的公式或方法处理数据，获得需要的结果。

例1：能使用公式和简单函数对表格数据进行计算和填充。

例2：掌握数据的排序、分类汇总、筛选和查询操作。

3. 通过实践，学会应用数据处理技术分析、处理、呈现数据，评价数据处理结果，运用适当形式图示化数据表达信息。

例：能根据需要设计制作合理的数据表格搜集数据，并从中分析与提取有用的信息；根据需要使用柱状图、饼状图、线形图等图表类型表达与呈现处理结果，懂得将所有信息包含在图表内；正确设置坐标轴，插入相关的文字说明，使用合适的格式予以强调，如阴影、倾斜、立体等。

（三）教学建议

结合学生在研究性学习中开展问卷调查的需要，让学生应用数据处理技术处理问卷数据，进一步体验数据处理技术在处理数据和呈现数据方面的优势。

数据处理部分的教学，主要让学生掌握使用电子表格分析数据，处理数据，提取隐含信息的能力。教学中，建议为学生创设特定的情境，通过提出问题、收集数据、整理数据、分析数据，最后研究对策、提供建议，让学生在解决实际问题的过程中掌握使用电子表格研究问题的一般思路，培养学生的计算思维。

二、教学现场一

（一）课题

《数据的排序与筛选——体质指数分析》。

（二）教学内容分析

这一课是数据处理的重要内容。主要培养学生利用电子表格来分析数据、提取隐含信息的能力。排序与筛选是电子表格检索数据、分析数据的基本方法。电子表格仅仅是一种工具，教师要培养学生利用电子表格分析数据提取隐含信息的能力，掌握数据的分析方法。培养学生用数据分析问题、解决问题的科学意识和态度。本节课以解决实际问题"体质指数分析"为线索，避免为操作而操作，一切都是为了最终的问题解决而进行的有目的的学习研究。

（三）教学目标

1. 用电子表格解决"体质指数分析"问题，养成使用数据分析解决问题的能力，培养学生的计算思维。

2. 掌握排序、筛选的作用及其操作方法，体验电子表格数据分析的便捷性。

3. 能根据研究报告的要求灵活选用操作方法并输出数据分析结果，增强数据处理的能力，建立从数据中提取隐含信息的意识。

（四）教学重难点

1. 教学重点：排序与筛选等基本数据分析方法的操作。

2. 教学难点：灵活运用排序、筛选解决体质指数分析的实际问题。

3. 突破重、难点的措施：

（1）将排序、筛选的操作步骤制作成微视频，供学生自主学习。

（2）学生以小组为单位合作探究，解决研究报告中"体质指数分析"的各个问题。

（五）学情分析

七年级的学生思维活跃、爱表现。在课堂上要多为学生提供表现的机会,以保证他们对信息科技课程学习的持续兴趣。学生通过小学阶段与七年级上学期的学习,已基本掌握了网上搜索、文字录入与处理等操作技能。本课为电子表格教学的第四课,学生已经掌握了电子表格制作,自动计算等操作。但对于用排序与筛选的方法分析数据是首次接触,感到新鲜,较感兴趣。本课以体质指数分析为主线,设计三份不同的研究报告,以任务驱动的方式,让学生自觉主动地分析问题、解决问题,在完成任务的同时,学会用电子表格对数据进行排序与筛选。

(六)教学策略

1. 本节课以研究同学们的体质指数为主线,通过提出问题,收集数据,整理数据,分析数据,最后研究对策,提供建议。让学生在解决实际问题的过程中,知道研究此类问题的一般思路,培养学生的计算思维。

2. 在解决问题的过程中,由教师提供操作视频,学生自主学习,合作学习,最后由小组代表汇报研究成果,一方面有利于充分发挥学生学习的主动性,另一方面有利于教师根据学生的学习和展示情况调整授课的重点,对课堂生成进行有效整合。

3. 在问题的设计上,每个研究报告都分层设计有基础任务和提高任务,学生可根据自身的情况选择学习的深度,实现个性化学习。

(七)教学环境

多媒体网络教室,极域电子教室,调查学生身高体重的网站,微视频教程,引入视频,WPS 软件。

(八)课时安排

1 课时。

（九）教学过程

表 5-7　《数据的排序与筛选——体质指数分析》教学过程

教学环节	师生活动	设计意图	时间
新课引入	教师："同学们，让我们一起来欣赏一段视频，请大家在观看视频的过程中注意以下问题：衡量一个人身体健康的标准是什么？它是怎么计算出来的？" 播放国家进行体质调查的视频。学生观看视频，思考问题。 教师："通过观看视频，我们知道一个人身体健康与否，有一个非常客观的标准，它是什么？是怎么计算出来的？" 学生："衡量一个人身体健康的标准是体质指数。它的计算方法是：体重（千克）/身高（米）^{2}。" 教师："体质指数与我们的健康密切相关，那咱们班同学的体质指数是怎样的？今天，我们就一起来分析同学们的体质指数。"	创设情境，引入新课。 让学生带着问题观看视频，可以更有针对性地获取视频信息，引出本节课要研究的问题。	3分钟
收集数据	教师："要研究同学们的体质指数是否正常，首先要知道大家的身高、体重等信息。那要怎么知道呢？" 现场提问一位学生的体重、身高。被提问的学生回答自己的体重和身高。 教师："这种'我问你答'的方式就是访谈法。除此之外，还有什么好的方法吗？" 学生："调查法。" 教师："非常对！我们可以通过填写调查表的方式获取同学们的体重和身高等数据。下面就请同学们完成活动一，填写调查表。"	学生通过填写调查表得出个人的体质指数，有利于更好地掌握自身的体质情况。教师利用网站后台收集全班同学的身高、体重等数据，并将数据导入电子表格，为学生的后续操作做好数据准备	3分钟

续表

教学环节	师生活动	设计意图	时间
	亲爱的同学，欢迎参加体质调查！ 调查表截图 学生操作：打开浏览器，在网站上完成年龄、性别、身高和体重的输入，通过网站实时查看自己的体质指数情况。 教师操作：通过网站收集全班同学的年龄、性别、身高（m）、体重（kg）等数据。 湛江一中培才学校初一（15）学生体质指数表 	序号	性别	年龄	身高	体重	体质指数（BMI）
---	---	---	---	---	---
1	女	12	1.6	40	15.62
2	女	12	1.6	80	31.25
3	男	12	1.65	90	33.06
4	男	15	1.6	42	16.41
5	男	12	1.65	45	16.53
6	男	13	1.61	35	13.5
7	男	13	1.65	60	22.04
8	男	14	1.63	80	30.11
9	男	14	1.72	55.55	18.78
10	女	12	1.5	44	19.56
11	男	14	1.66	52	18.87
12	男	13	1.6	50	19.53
13	女	13	1.6	80	31.25
14	男	12	1.6	42	16.41
15	女	12	1.58	90	36.05
16	男	14	1.68	53	18.78
17	女	12	1.69	52	18.21
18	女	13	1.54	30	12.65
19	男	15	1.67	88	31.55
20	女	20	1.72	55	18.59 | 学生体质指数汇总前20条数据		

续表

教学环节	师生活动	设计意图	时间
整理数据	教师:"同学们,通过填写调查表,大家已经知道了自己的体质指数,那全班同学的体质指数是怎么的呢?老师已经帮大家把全班同学的数据整理到了电子表格中。" 教师打开电子表格,引导学生观察全班同学身高、体重和体质质数等数据,备份原始数据,删除无效数据等	教师引导学生在数据分析前对数据进行备份,删除无效数据。这些都是极为重要的工作,一定要让学生了解	3分钟
分析数据	自主学习: 教师操作:将班级的"原始数据.xlsx"通过极域电子教室发送到学生的电脑。 教师:"请同学们打开'原始数据.xlsx',参考教学网站中的操作微视频。自主研究本组的任务,并将研究结果写在研究报告中。" 学生自主探究:探究本组研究报告中的内容,学有余力的同学可以完成研究报告中的提高任务。 教师个别指导: 1、2、3小组完成研究报告一如下: 研究报告一 分析内容:通过"筛选"分析体质指数BMI值,得出过瘦和肥胖的人数。其中体质指数BMI低于17为过瘦;体质指数BMI超过24的则为肥胖; 操作方法: 1. 设置筛选状态 锦囊 2. 筛选过瘦人数(BMI<17) 锦囊 3. 筛选肥胖人数(BMI>24) 锦囊 分析结果: 学生人数 过瘦人数 肥胖人数 提高任务:分析体质指数正常(17<=BMI<=24)的同学人数 研究报告一	学生利用教师提供的操作微视频自主学习,用排序与筛选的方法解决研究报告中的实际问题,养成自主学习的习惯与能力。 学生自主学习,发现学习中存在的问题,为下一步更有针对性地参与合作学习做好准备。 三个研究报告的设计难度相当,在解决体质指数的问题时都必须使	6分钟

续表

教学环节	师生活动	设计意图	时间
	4、5、6小组完成研究报告二如下： **研究报告二** 分析内容：用"排序法"分析体质指数BMI值，并将BMI最大值和BMI最小值及对应的学生序号写入下表。 操作方法：排序法——锦囊 分析结果： | | BMI值 | 序号 | |---|---|---| | 最大值 | | | | 最小值 | | | 提高任务：分析13岁男同学体质指数BMI的最大值。 研究报告二 7、8、9小组完成研究报告三如下： **研究报告三** 分析内容：先筛选出某一年龄某一性别的学生的BMI值。将对应的年龄、性别和参考值写入下表。再求筛选出的同学的BMI的平均值。 操作方法：平均值——锦囊 分析结果： | 年龄 | 性别 | 平均值 | 参考值 | |---|---|---|---| | | | | | 提高任务：用排序法求该年龄该性别的同学体质指数（BMI）的平均值。 研究报告三	用排序与筛选的操作方法。将其分配给不同的小组来完成，虽然每个小组完成的任务看似不同，实则使用的技术相差不大，都可达成教学目标。每个研究报告都设计有基础任务和提高任务，学生可根据自身的实际情况选择学习的深度	

续表

教学环节	师生活动	设计意图	时间
	合作学习： 　　学生以小组为单位，根据组内分工安排，合作探究解决自主学习中的问题，学有余力的小组可以完成提高任务，并将结果写入研究报告中。 　　学生在合作讨论的过程中，通过组内协商的方式选出两位代表，要求声音洪亮，表达清楚，操作熟练。做好汇报的准备，一位负责介绍本组的研究内容和研究结果，另一位负责操作演示	由于学生的基础和学习能力不同，在自学过程完成的情况也不一样，通过小组合作学习，让学生相互帮助，解决自学过程中的问题，培养学生的合作精神	5分钟
	交流展示： 　　小组选出两名代表汇报小组的研究内容、研究结果和操作过程，分享研究成果。 　　分析结果　｜过瘦人数｜学生人数 17｜ 　　　　　　｜肥胖人数｜11 　　　　　　研究报告一研究结果 　　分析结果　｜　　｜BMI值｜序号 　　　　　　｜最大值｜36.05｜43 　　　　　　｜最小值｜11.72｜48 　　　　　　研究报告二研究结果 　　分析结果｜年龄｜性别｜平均值｜参考值 　　　　　　｜13　｜男　｜17.84｜18.1 　　　　　　研究报告三研究结果 　　教师对学生在展示交流中出现的问题及时引导，根据学生在展示汇报过程的情况调整讲解重点	展示本小组在自主学习和合作学习过程中的成果，发现学生学习中存在的问题，调整教师讲解的重点	11分钟

145

续表

教学环节	师生活动	设计意图	时间
研究对策	学生根据要求分别从运动，饮食等方面搜索交流控制体质指数的方法。 1. 运动 ①肥胖的人：运动减肥是最科学最绿色的减肥方法，肥胖者通过一定的有氧运动，消耗身体多余脂肪，促进新陈代谢，达到运动减肥的目的。 ②过瘦的人：建议多参加体育锻炼，促进新陈代谢，增加食欲，增强体质。 2. 饮食 ①肥胖的人：要少吃肥肉，减少脂肪的摄入量。多吃水果蔬菜和低热量的食物。不要暴饮暴食，保持高蛋白和低碳水化合物的饮食习惯。 ②过瘦的人：从营养上下功夫，考虑多吃些高热量的食物来增加体重。可增加谷物，蔬菜，肉食及奶类食品的分量，两餐之间还可加一些高热量的零食。 3. 其他方面 不管是肥胖还是过瘦的人，都要养成良好的生活习惯，合理安排和调整自己的作息时间，不要熬夜，还要注意保持良好的情绪	学生根据要求进行网上搜索，提供适合同学们控制体质指数的建议和方法	2分钟
	学生分别从运动、饮食等方面交流控制体质指数的对策和方法，为需要控制体质指数的同学提供建议。 教师对学生在交流过程中出现的问题及时引导。 教师："同学们，认识并且了解自己的身体状况是每个人都必备的生存能力，也是表现自己外貌形象的重要方面。所以，为了自己和家人的幸福，请注意合理膳食，多做运动，做一个注重仪表、身体健康、避免肥胖以及进行定期体检的人。"	同学通过相互交流，表达自己的思想，学会批判地接受其他人的观点，培养批判性思维	5分钟

续表

教学环节	师生活动	设计意图	时间
小结	教师展示课件第9页,总结本课内容:"时间匆匆,一节课很快就要结束了,一起来回顾一下今天的成就,我们研究了同学们的体质指数是否健康,跟着同学们的思路,通过提出问题、收集数据、整理数据、分析数据,最后得出了一些建议。以后我们要关注自己的体质指数,不过同学的体质指数与发育的早晚也有很大关系,故今天的结果仅供参考。" 教师展示课件第10页,继续总结:"用电子表格分析同学们的体质指数,不仅让我们学会了这些操作,事实上它还是我们生活中处理问题的好帮手,老师也用这种方法研究了我校初一学生BMI指数及运动成绩关系,发现过重和肥胖的孩子运动能力弱。" 教师展示课件第11页,继续总结:"百度通过分析用户搜索旅游关键词,建立了旅游预测模型,准确率高达90%。" 教师展示课件第12页,最后总结提升:"希望同学们能树立数据挖掘的意识,增强数据处理的能力,用数据更好地服务生活。"	通过小结,让学生知道研究此类问题的一般流程。树立主动使用电子表格统计管理数据的意识。能够用数据更好地服务生活	2分钟

(十) 附件

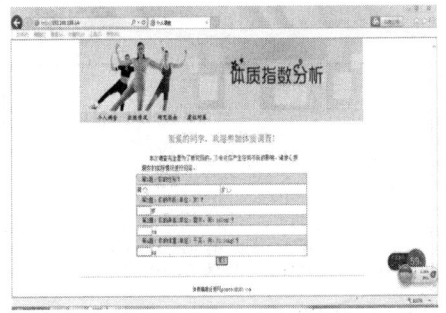

图5-10 教学网站截图一

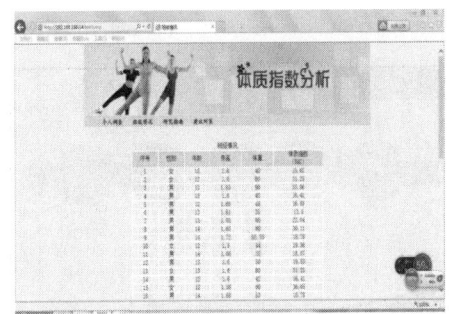

图5-11 教学网站截图二

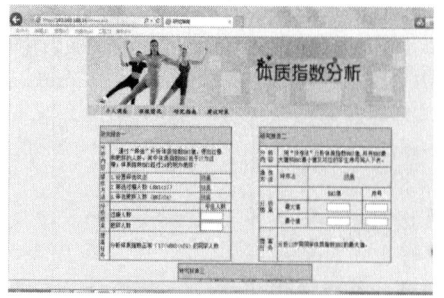

图 5-12　教学网站截图三

图 5-13　教学网站截图四

图 5-14　课件第 9 页截图

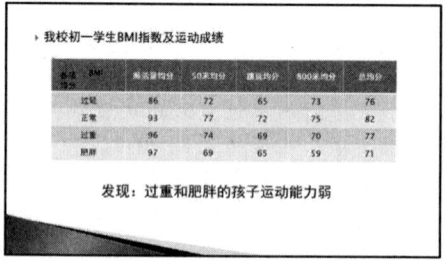

图 5-15　课件第 11 页截图

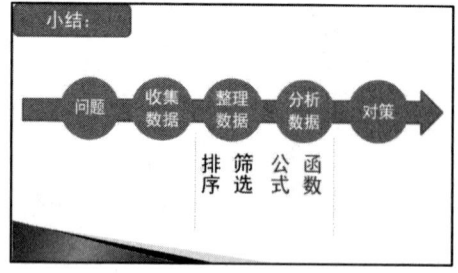

图 5-16　课件第 10 页截图

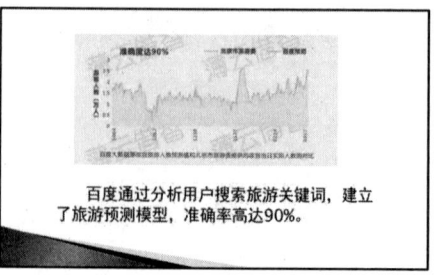

图 5-17　课件第 12 页截图

三、教学现场二

（一）课题

《电子表格的公式与函数——青少年摄入热量调查》。

（二）教学内容分析

这一课是八年级数据处理中非常重要的内容，学生已经掌握了一些表格的基本操作，希望通过本节课学会选用合适的公式或函数解决实际问题。WPS 表格可以实现数据的自动处理和计算，这是 WPS 表格软件使用更高层次的要求，也是本章的重点内容。本节课主要使用公式、SUM、COUNTIF 函数，为后续学习做好必要的准备。

（三）教学目标

1. 理解公式与函数的作用与书写规则，学会使用 SUM、COUNTIF 等函数。
2. 能够根据需求来应用合适的公式或函数，培养用电子表格处理和管理生活中各种数据的能力。
3. 能够从数据的分析中找出规律并得出结论，培养学生的研究性学习能力，树立数据挖掘的意识。

（四）教学重难点

1. 正确理解并使用公式及 SUM，COUNTIF 等函数。
2. 灵活运用公式与函数解决实际调查研究中的问题。

（五）学情分析

八年级的学生思维活跃，乐于探究，已有一定的电子表格基础，且长期应用 ICS 教学模式，能积极主动地自主学习、合作探究。但学生之前没有接触过电子表格的公式和函数，不能将其与生活联系起来。

（六）教学策略

1. 以建构主义为理论指导，以"青少年摄入热量调查"为主线，以学生为主体，以教师为主导，通过呈现问题、收集数据、分析数据、分享成果，最后解决问题。让学生体验解决问题的过程，学会解决问题的方法。

2. 学生利用教师提供微视频，自主学习，合作探究，将学习的主动权还给学生。小组代表汇报研究成果，有利于教师根据学生的学习和展示情况调整讲授的重点，对课堂生成进行有效整合。

（七）教学环境

多媒体网络教室，极域电子教室，教学网站，微视频，调查报告。

（八）课时安排

1课时。

（九）教学过程

表 5-8 《电子表格的公式与函数——青少年摄入热量调查》教学过程

教学环节	师生活动	设计意图	时间
创设情境明确课题	教师从介绍当地美食来引入，并提问："美食是不是吃得越多越好呢？吃多少才算合适健康？用什么去衡量？"由此引出营养学中的"热量"一词。让学生明白平时吃的食物都是会摄入热量的，当每天的摄入热量过高时，身体将无法消耗，过剩的热量就会积聚，久而久之会导致肥胖；而摄入热量过时，将不足以维持人体所需，影响身体发育。"同学们每天摄入的热量是否达标呢？"	引出本节课要研究的问题：青少年摄入热量调查	3分钟
填写问卷收集数据	使用教学网站收集和整理数据，保证研究数据的可靠性。教师通过设计青少年摄入热量调查表，学生填写并提交后可得到个人当天热量摄入情况。教师利用网站后台数据库得到全班学生的数据，并将数据导入电子表格（注意对原始数据的备份）。学生可以在"班级情况"页面中下载汇总数据表格，为后续的分析做好准备	数据是研究的基础，教师通过网站收集数据，快速而准确解决了这一难题	2分钟

续表

教学环节	师生活动	设计意图	时间
分析数据合作探究	分析步骤一： 1. 分析目标 （1）计算某一位同学一天摄入的总热量； （2）使用填充柄计算其他同学的热量数据。 2. 操作方法（为学生提供操作方法的微视频） （1）使用公式计算总和（直接将前面3个单元格相加）。 （2）使用SUM函数计算总和。 提醒学生思考，对比两种方法优缺点。 3. 提高任务：用公式或函数计算总热量的平均值 分析步骤二： 1. 分析目标 使用COUNTIF函数来统计热量摄入过低、达标和过高的人数及其占比，热量达标范围为2200~2900千卡； 2. 操作方法（提供操作微视频） （1）使用COUNTIF函数统计热量过低和过高的人数。COUNTIF函数的格式是："=COUNTIF（数据范围，判断条件）"，它会在数据范围内自动统计符合判断条件的数据个数。 （2）活用COUNTIF函数统计热量达标的人数。因为判断达标的条件有两个，所以不能只用一个COUNTIF函数来解决问题，可以先统计符合其中一个条件的个数，然后减掉不符合另一个条件的个数来达到此效果。 以下通过一张图片来说明函数的计算流程。	学生根据教师提供的操作微视频自主完成基础任务，培养学习的自学能力。 将两个任务分给不同的小组每个小组完成自己的任务。 设置提高任务给学有余力的学生，让优秀生得到更大幅度的提高学生通过分析步骤二的基本操作掌握COUNTIF函数，并通过提高任务达到灵活运用的目的	10分钟

续表

教学环节	师生活动	设计意图	时间
	=COUNTIF(F2:F12,">=2200")-COUNTIF(F2:F12,">2900") 大于等于2200的人数　　大于2900的人数 （达标+过高人数）　减去　（过高人数） 函数的计算流程 3. 提高任务：计算各分段人数的占比：使用公式法计算（分段人数/总人数*100）		
小组展示交流成果	1. 小组活动流程 （1）确定分工。 （2）研究操作过程。 （3）得出结论和建议。 （4）进行汇报。 （5）汇报结束后由其他同学质疑，汇报者解答。 （6）教师适时补充与点评。 2. 小组分工。 3. 完成报告。 展示完毕后，学生继续完成本课的表格分析，并且将分析结果填写在调查报告上面	小组成员展示研究报告成果，分析数据中隐含的信息	15分钟
回归生活解决问题	通过分享展示研究成果，发现个别学生的热量摄入已不在合理的范围，如何控制每日摄入的热量，养成健康饮食习惯呢？让学生参考教学网站中的"建议对策"信息，并结合已有的生活经验，总结一些健康饮食的好建议，分享给其他同学	为养成良好的饮食习惯提供建议	7分钟
梳理知识总结提升	回顾本节课的学习过程，同时提醒同学其实判断热量摄入是否达标还需要更加细化的标准，今天的调查结果仅供参考。 其实电子表格还可用于研究很多生活中的问题，比如分析学生的体质指数与体育成绩之间的关系等。 通过小结，让学生知道研究此类问题的一般流程。建立主动使用电子表格统计管理数据的思维，增加数据挖掘的意识，用数据更好地服务生活	总结本节课的内容，树立使用电子表格解决生活中问题的意识	3分钟

（十）附件

表 5-9　小组分工

角色	任务	要求
操作者	1. 根据网站"研究指南"中的锦囊应用 WPS 表格软件，完成本组的研究任务。 2. 在汇报环节，上讲台演示操作过程	操作能力强
汇报者	1. 协助操作者完成操作任务。 2. 在汇报环节，上讲台介绍研究过程和研究结果	声音洪亮，表达能力强
建议者	1. 参考网站的建议对策页面，研究如何通过合理饮食等方法控制热量摄入。 2. 在汇报者汇报结束后，提出合理的建议	声音洪亮，表达能力强

四、教学评价

《数据的排序与筛选》一课引导学生关注自己的体质质数，《电子表格的公式与函数》一课则关注的是学生饮食中的热量输入问题，都旨在引导学生关注生命健康，培养学生用信息科技解决生活问题的意识。两个案例都通过教学网站现场收集数据，既保证了研究数据的可靠性，又激发了学生参与课堂的积极性，都是将技术学习融入解决问题的实际情境中，让学生运用技术解决实际问题，又在解决问题的过程中学会技术，并学会学习技术的方法，充分调动了学生学习的积极性，培养学生分析问题、解决问题的能力。

两个案例在教学的过程中，都使用了 ICS 教学模式，学生先利用微视频自主学习，接着合作探究，最后进行展示交流，体现了以学生为主体的理念。教学过程中充分重视课堂的生成性，教师根据学生的展示情况及时改变讲解的重点内容。在实际教学中，绝大部分学生能够熟练掌握课程的学习内容，能完成教学设计目标。

当然，这两节课在实际教学中仍存在不足，如《数据的排序与筛选》以小组为评价为主，故对学生个人的评价稍显不足。个别小组合作不甚理想，组员之间的协作还有所欠缺，仍需要进一步调整组内人员，加强合作意识让学生学会合作共同进步。《电子表格的公式与函数》一课在分工时没有给每个人都安排到任务，长期这样将不利于全体学生的发展。在教学中可以尝试要求组内的每个成员都领到明确的任务，引导学生建立平等、民主、互助的关系，关注每一个学生。

五、实施方略

（一）精心设计研究问题

苏霍姆林斯基指出："学生的一个突出特点就是他们对学习的对象采取研究的态度。"布鲁纳认为，教学过程就是在教师引导下学生发现的过程，学生应主动地进行学习，强调自我思考和探究事物，不应该消极地接受知识，要亲自去发现问题的结论和规律，成为一个发现者。

教学中，教师要精心设计研究的问题。研究的问题要来源于生活，最好与每位学生息息相关，是学生要面对和解决的实际问题。在《数据的排序与筛选》一课的教学中，设计的研究问题是体质指数分析。而《电子表格的公式与函数》一课设计的研究问题是青少年摄入热量调查；这些问题都来源于现实生活，且与学生息息相关，真正体现了"以学生发展为本，以学生人人成功为目标，以学生学会学习为中心，以培养学生创新能力为核心"的教育思想内涵。

（二）现场收集研究数据

在电子表格的教学中，数据是研究的基础，如何快速而准确地得到数据一直是一个难题。教师可以借助问卷星、UMU互动学习平台或通过自己设计的教学网站收集数据。以网络调查表的方式收集数据，提高了数据收集的效率，为实现高效课堂提供了有力保障。收集到数据后，一定要引导学生对数据进行整理，删除无效数据，保证研究数据的准确性。整理好数据后，务必提醒学生做好数据的备份，培养学生的信息意识。

（三）分析数据得出结论

数据分析是电子表格教学中最为重要的一步，是学生掌握知识，形成能力的关键环节。建议学生以教师提供的学习资源为基础，以研究报告载体，通过自主学习与合作探究实现。教师要提前设计好研究报告的内容，以上两个案例中都设计了完善的研究报告，指导学生要研究哪些方面的问题。

自主学习是 ICS 教学模式的起点。它是学生利用学习资源获得知识与技能的一种方法，是培养学生的自学能力、养成读书习惯、扩展知识面必不可少的途径，它有利于培养学生的独立分析问题、解决问题的能力，有利于学生自由调整学习进度，实现个性化学习。教学中，学生以研究报告为载体，以教师提供的学习微视频为依托，积极主动地探究研究报告中的基础任务，掌握基本技术，真正成为课堂的主人。教师仅起主持人的作用，负责环节的导入、时间的控制、争议的评价等。学生在自主学习中享受到成功的喜悦，课堂教学效率大幅提高。

合作探究对激活思维、发展能力、培养个性等具有重要意义。学生是学习的主体，课堂是否高效自然要看学生学习的效果。课堂要积极营造适合学生发展的氛围，让学生在课堂上会交流、会合作。实现自主、合作、探究是 ICS 教学模式的基本要求。学生以小组为单位合作探究，有利于突破每节课的重点、难点和关键点。《数据的排序与筛选》一课中研究报告三的提高任务"用排序法求该年龄、该性别同学体质指数的平均值"，其方法是用主要关键字"年龄"和次要关键字"性别"来排序，是排序操作的综合应用。大多数学生在学习时会遇到困难，要善于组织学生小组讨论，借助集体的智慧，发挥小组成员的积极性，让课堂充满团队合作氛围，实现全体学生高效学习。

ICS 教学模式更关注学生的自主学习与合作探究。教学中，要留出充足的时间给学生。对于侧重自主学习的研究任务，教师要提供必要的学习资源，让学生自主学习，培养学生独立解决问题的能力；对于侧重合作探究的研究任务，教师应依照学生的学习水平、能力倾向、性格特征等特点对学生进行"组间同质，组内异质"的分组，让学生以小组合作探究的形式来完成。

（四）分享交流提供建议

分享交流是学习成果最直观的展示，是教师进行学情调查的直接途径，是教师课堂决策的依据，是教师教学智慧的发源地，是学生获得学习情感支持的最佳方式，是抵达"知识超市、生命狂欢"的高效课堂的有效保证。ICS 教学模式的分享交流，让学生真正参与课堂，成为课堂的主人，让学生学会、会学、乐学。分享学习模式的实践，也培养了学生良好的习惯，包括学生的倾听习惯、思维习惯，同时培养了学生的表达能力，在合作交流过程中，增进了学生之间互助情感[①]。ICS 教学模式的第三步分享交流包括分享操作过程和交流解决方案两个方面。

1. 分享操作过程

"学习金字塔"告诉我们，学习效果最好的方式，就是把知识传授给他人或者马上应用，学生分享展示本小组的操作过程可以很好地实现这种效果。由每组在合作探究过程中选出两位代表，一位介绍本组的研究内容和研究成果，另一位演示操作，要求声音洪亮，表达清晰，边讲解边操作。

让学生将本组的研究成果展示给其他同学，为学生搭建自我展示的舞台。学生以分享为途径将操作过程和研究方法内化，加深对所学知识的理解，帮助学生形成正确、牢固深刻的印象，其他同学从分享者的方法中吸取经验，或提出改进的方法，或提出自己的见解，培养学生的表达力、观察力和批判性思维等能力。

2. 交流解决方案

数据研究的目的是解决问题，得出解决方案，学生通过分析数据发现一些问题亟待解决。让学生在网络上搜索建议或通过其他方式获取解决方案，将合理的建议分享给其他同学。《数据的排序与筛选》一课在交流分享

[①] 蒋维. 初中数学课堂中运用分享学习模式的实践研究[D]. 南充：西华师范大学，2017.

的过程中，一学生从运动方面为体质质数过重或偏轻的同学提供了解决方案，建议这些同学都要多参加体育运动，锻炼身体，增强体质。有同学随即质疑，为什么体质质数过重的同学要锻炼，偏轻的同学也要锻炼呢？负责交流分享的学生是这样解释的："体质质数过重的同学，参加体育运动，可以消耗多余的脂肪，达到运动健身的目的；体质质数过轻的同学，参加体育运动，可以增强体质，增加食欲，使身体逐渐恢复健康的状态。

第六节　多媒体应用

一、课题分析

（一）课题概要

多媒体的应用已涉及人类生活、生产和教育的方方面面，学生在日常生活和学习中已和多媒体打过不少交道，如观看图文并茂的电子杂志、浏览网页、通过网络观看微课或制作多媒体演示文件等。"多媒体应用"要学习如何将与某一主题相关的多媒体信息如文字、图像、动画、音频和视频等，按照规划和设计集成为一个多媒体作品。

集成多媒体素材的工具软件叫作多媒体著作工具，也叫作多媒体集成工具。现在广泛使用的多媒体集成工具有 WPS 演示、PowerPoint、Prezi 和 Flash 等，这些工具软件有着不同的多媒体集成思路和工作方式，其中以幻灯片为基本结构单位的 WPS 演示操作最为简单，也成为最常用的多媒体作品集成工具。因此，本单元将利用 WPS 演示为主要工具，围绕某一主题制作多媒体作品，学习多媒体集成的过程和方法。

（二）教学内容

1. 知道通过借助常用设备获取不同媒体信息的过程和基本方法，能积极有效地利用各种信息设备获取所需的多媒体信息。

　　例1：尝试使用扫描仪和数码相机、智能手机等获取图像信息。

　　例2：尝试或了解通过摄像机、智能手机获取视频，并将数据传送到计算机中。

　　例3：尝试使用录音软件把声音保存在计算机中。

2. 了解文字、图片、声音、动画、视频等多媒体信息的文件类型和格式。

例1：计算机记录和表达多媒体信息是通过信息编码实现的，不同的编码方式产生不同的文件格式。

例2：了解点阵图和矢量图的特点和应用。

3. 熟悉一种图像处理软件实现的基本功能和操作，掌握图像编辑、合成、调色及特效等初步处理方法，能根据需要加工美化图像。

例：结合应用实例，根据需要选取区域图像、变换图像、修饰图像。

4. 了解图像鉴赏的一般原则与图像创意表达的一般方法，能根据需要加工创作图像作品表达思想。

例：结合应用实例，了解摄影中构图、光影、色彩运用的基本方法，并能应用到图像作品的评价和创作中。

5. 熟悉一种动画制作软件的基本功能及操作，掌握动画的编辑、合成、特效、交互等初步处理方法。

例1：正确理解动画软件中的一些常用术语，如关键帧、对象、层等。

例2：创建具有交互功能的动画，如建立按钮、按钮响应的相关变量、函数和交互语句等。

6. 知道动画作品创作的一般过程与方法，能运用所学内容创作动画表达思想。

例：结合动画实例赏析，了解动画创作的方法，知道镜头语言中推、拉、遥、移等的动画效果，初步掌握用故事版的方法设计和创作动画。

7. 能根据表达需求，使用演示文稿或网页编辑软件等工具集成多媒体素材，创作多媒体作品，并发布展示，享受创作的乐趣。

例1：使用网页编辑软件集成多媒体素材，通过网络发布作品。

例2：使用演示文稿软件集成多媒体素材，向同学展示介绍。

8. 会对作品进行客观、中肯的评价，知道参照一定的规范评价作品，学会在比较中提高审美与鉴赏能力。

（三）教学建议

让学生结合自身学习生活的需要，如研究性学习成果的展现、专项报告的演讲等，选择合适的主题，应用所学的多媒体技术表现该主题，进一步体验多媒体技术应用在表达信息方面的优势。

二、教学现场一

（一）课题

《用 WPS 演示制作 MV——感受母爱，体验真情》。

（二）教学内容分析

本课是《制作多媒体演示作品》的内容。《义务教育信息科技课程标准（2022 年版）》对本章的要求是能使用演示文稿集成多媒体素材，创作多媒体作品，享受创作的乐趣。根据课程纲要的要求，对本章教材进行了整合，设计了"用技术表达爱"项目。本课是项目实施的一个重要阶段，教学内容是批量插入图片、插入声音和设置幻灯片的切换效果，是决定项目成败在关键环节，是在项目选题规划的基础上，以"感受母爱，体验真情"为主线学习用 WPS 演示制作 MV 的基本思路和方法，是后续展示汇报、项目评价的基础，有着承前启后的关键作用。

（三）教学目标

1. 通过自主学习批量插入图片和设置切换效果，逐步培养学生良好的学习习惯。

2. 通过合作探究合理设置声音的播放效果，让学生体验成功的快乐，培养合作能力与合作精神。

3. 通过明确用 WPS 演示制作 MV 的基本思路和方法，初步形成计算思维。

4. 通过制作有关母爱的 MV 感受母爱，体验母爱的伟大与无私，激发对母亲的感激之情。

（四）教学重难点

1. 教学重点：掌握用 WPS 演示制作 MV 的基本思路和方法。
2. 教学难点：合理设置声音的播放效果。

（五）学情分析

本课的授课对象是八年级学生，不少青春期的孩子都存在逆反心理，不理解父母对他们的关爱。这也是本章设计"用技术表达爱"项目的初衷。本课是为了让学生体验母爱的伟大与无私，增强对母亲的感激之情。通过前两课的学习，学生已掌握了在 WPS 演示中插入文字、图片等基本操作。通过长期的习惯培养，学生已形成了在课堂利用教学网站资源自主学习、合作探究的习惯，但对合作的方式及过程不够明确，需要教师引导。

（六）教学策略

1. 本章使用了项目教学法，以项目为主线、以教师为引导、以学生为主体。通过"用技术表达爱"的项目设计，让学生通过项目选题规划、项目实施、项目评价等体验探究，经历项目的基本流程，渗透项目思维。

2. 本课是项目实施的重要环节，通过创设"感受母爱，体验真情"的情境，激发学生的热情，教师通过帮促引导、启发探索等让学生积极主动地参与课堂。学生通过实践体验、自主学习、合作探究等完成知识的建构。

（七）教学准备

多媒体网络教室，教学网站，微视频，课件。

（八）课时安排

1 课时。

（九）教学过程

表 5-10 《用 WPS 演示制作 MV——感受母爱，体验真情》教学过程

教学环节	教师活动	学生活动	设计意图	时间
创设情境呈现问题	创设"感受母爱，体验真情"的情境，呈现本节课要研究的问题：用 WPS 演示制作 MV	倾听，感受	创设情境，呈现本节课要研究问题，激发学生的学习兴趣	2分钟
分配任务明确主题	教师设置了"终生守护""寸草春晖""舐犊情深"三个主题，并把它们分配给各个小组制作	明确主题	丰富制作内容，以便在展示作品时给学生带来更多的情感体验	2分钟
自主学习初步制作	提供素材和视频教程资源，明确实施方案，布置任务： 1. 使用"相册"功能批量插入图片。 2. 设置幻灯片切换。 （1）设置换片方式。 （2）设置切换效果。 为有需要的同学提供帮助	下载素材，自主学习，按照实施方案，初步制作作品，遇到问题时求助图片教程或教学网站的操作教程微视频	学生自主学习，初步制作作品，养成良好习惯和学习能力。使教师从知识的传授讲解中得到解放，从而能更好地关注有需要的学生	15分钟
合作探究修改完善	提出合作探究问题： 1. 如何让声音跨幻灯片播放？ 2. 如何调节音量大小？ 3. 如何让声音从某一时刻开始播放？	积极参与小组合作探究，完善作品	学生通过小组合作探究、相互帮助攻克本节课的难点，培养学生的合作能力与合作精神	12分钟
展示成果分享	展示并引导学生欣赏制作的母爱 MV 作品，引导学生思考、交流如何用实	欣赏 MV 作品，思考、交流分享如何用实	欣赏学生制作的母爱 MV，展示技术学习效果，再次感受母	7分钟

续表

教学环节	教师活动	学生活动	设计意图	时间
交流	际行动报答自己的母亲	际行动报答母亲	爱,体验母爱的伟大与无私,激发对母亲的感恩之情,将情感教育融入信息课堂	
梳理知识总结提升	总结用WPS演示制作MV的一般步骤,引导学生用技术更好地为生活服务	回顾本课所学内容	让学生明确用WPS演示制作MV的一般步骤,学会用技术解决生活中的问题,提升学生的技术素养	2分钟

三、教学现场二

（一）课题

《Photoshop选取范围的方法》。

（二）教学内容分析

本课是八年级《信息技术》上册Photoshop第四课，主要学习选取范围的方法，涉及的工具有选框工具和魔棒工具等，以及使用"选择"菜单中的调整选区功能来优化选区，达到"抠图"的目的。本课是在学习图层相关内容的基础上，利用图层来管理"抠图"素材，为后续学习图片的编辑和效果处理打好知识基础，有着承上启下的关键作用。本课涉及知识点较多，设置合适的生活情境把这些知识点有机地结合在一起，不仅能让学生充分地得到练习与巩固，更能激发学生的学习兴趣。

（三）教学目标

1. 掌握矩形选框工具、椭圆选框工具和魔棒工具的使用方法，学会根据需要选用适当的选择工具来建立选区。

2. 学会使用"选择"菜单中的"修改"选项来优化选区，根据需要调整魔棒工具的容差参数来提高选择效率。

3. 认识垃圾分类标准，树立垃圾分类的意识，感受垃圾分类的重要性，增强环境保护意识。

（四）教学重难点

教学重点：使用矩形选框工具、椭圆选框工具和魔棒工具等建立选区。
教学难点：各种选框工具的灵活运用。

（五）学情分析

八年级的学生能主动地获取网站上的图片、文字与视频等资源来完成任务，所以本课的学习资料都放在教学网站上，方便学生快速地获取所需要的资源。学生经过前期的课程学习，已经掌握了 Photoshop 的基础知识与基本操作，如图像相关知识、画布、图层等，为本课的图像合成打好基础。垃圾分类是本市最近才开始推行的政策，对于大多数学生来说都是非常新鲜的内容。以垃圾分类为情境设计学习任务，既贴近生活，又能让学生感受到自己在用切实的行动来保护环境，使学生更易融入课堂顺利完成学习目标。

（六）教学策略

1. 本课在 ICS 教学模式理论的指导下，把教学过程分为自主学习、合作探究和分享交流三个部分，以"设计垃圾分类示例图"为明线，以"掌握选区范围的方法"为暗线来展开教学。学生以 6 人为一组，首先以教学网站上的问题为引导，有针对性地阅读课本上的关键内容，进行知识的储备，然后通过小组合作，教学网站上的视频资源来讨论并设计本组的示例图，最后是小组作品的分享交流。

2. 本课以学生自主实践，教师引导补充的形式来完成，让学生掌握三种选择工具的使用方法。难点在于学生能否灵活地根据不同图片的实际情况选择适当的工具与参数来高效地建立选区。因此每个小组的素材中都准备了一张稍难处理的图片来让学生不断地尝试、思考、讨论和改进,从而突破难点。

3. 在教学中长期使用教师设计的教学网站,学生能够自主快速地从网站上获取所需要的信息,并能利用这些信息与小组成员合作完成课堂任务,增强其信息意识。学生利用教学网站开展课堂活动,可更有效地体验并适应数字化学习的环境,为终身学习做好准备。在制作示例图过程中,需要综合运用各种选取工具,通过小组讨论并总结出有效的方法来处理各种图片,锻炼学生的计算思维。本课设计了为社区制作垃圾分类宣传示例图的情境,帮助学生增强利用信息科技来解决生活问题的意识。

(七)教学环境

多媒体网络教室。

(八)课时安排

1课时。

(九)教学过程

表 5-11 《Photoshop 选取范围的方法》教学过程

教学环节	教师活动	学生活动	设计意图	时间
激趣导入明确目标	视频导入,引入新课:"垃圾分类对地球环境保护非常重要,但是我市的垃圾分类政策刚开始推行,很多市民还不知道怎么分类。今天我们就为社区制作一张垃圾分类宣传栏来进行推广,为我市垃圾分类工作做出自己的贡献。"展示学习目标	观看导入视频,明确学习目标	通过观看垃圾分类的介绍视频,能够让学生快速了解本课的主题。结合教师的引导,创设课堂情境,引出本课任务。明确学习目标,学生带着目标开展学习,提高学习效率	3分钟

续表

教学环节	教师活动	学生活动	设计意图	时间
自主学习储备知识	观察学生自主学习情况，为有需要的学生提供必要的指导。 检测学生自主学习的成效，在学生回答问题的同时演示问题相关操作	以教学网站上的检测题为引导，有针对性地阅读课本上的重要内容，并尝试在Photoshop中进行简单的操作，如认识并找出范围选择工具，扩展、缩放及羽化选取的方法等。 回答老师的提问，认真倾听老师对知识点的讲解操作	以问题为导向，学生自主学习，掌握基础知识和基本技能，为合作探究做好准备。 自主学习着重于让学生用好课本，并将知识应用到实际操作中，提高学生主动获取信息的意识和应用知识的能力	10分钟
合作探究制作作品	提出问题："如何使用这些工具来设计垃圾分类示例图呢？" 在小组合作探究开始前先对探究内容与具体要求进行说明，示范如何利用网站上的素材来进行垃圾分类，让学生明确自己的任务。（2分钟） 探究过程中，观察各小组制作情况，进行适当的指导。（13分钟） 学生完成探究并提交作品后，在教师机上下载作品并在每种素材包中选一个小组的作品来准备展示	组长根据教学网站的探究说明和要求，进行组内分工，并在探究过程中协调各组员的工作。 "策划者"根据教学网站上的图文说明与操作视频对素材进行垃圾分类，并协助设计师来完成作品。 "设计师"根据内容策划人的要求，使用适当的工具对素材进行抠图处理，并复制到分类区图片中正确的位置，然后保存文件并提交到教学网站。 "展示者"观察并总结制作过程，与组长讨论上台展示内容及语言	小组合作探究可以充分交流思想。明确的分工可以提高小组完成探究任务的效率，同时也能满足不同层次学生的需求。 合作探究部分所准备的素材分为3种，每种素材都包含5张属于不同垃圾类别的图片，其中有1张难度稍大，有助于学生不断提升，灵活运用所学知识来解决问题，突破本课难点	15分钟

续表

教学环节	教师活动	学生活动	设计意图	时间
分享展示巩固知识	选取2~3个小组展示分享素材的选取过程。观察展示小组的操作，倾听学生的讲解，学生展示完毕后进行必要的引导与补充。 教师进一步提出问题："可以用什么功能来美化选区边缘？（羽化）魔棒工具以什么标准来确定选区范围？改变什么参数可以调整该标准？（鼠标所选颜色；容差值）"以此来检测学生合作探究的效果	小组组长与展示者上台展示。 小组展示，小组组长打开提交的作业，介绍垃圾分类的情况。汇报者负责讲解某个素材的操作过程。小组其他成员可以进行适当补充。 非当前展示小组的同学认真聆听展示小组的讲解，如有疑问，可在展示完毕后提出	通过小组的分享展示，鼓励学生开口去向他人介绍自己设计的作品，从中巩固并运用知识，达成学习目标。 通过发表对本小组作品的感想及回应其他同学的质疑与点评，能够让学生进行思维碰撞，产生更多智慧	10分钟
梳理知识拓展提升	引导学生总结垃圾分类示例图的制作流程。通过制作垃圾分类示例图，不仅学会使用Photoshop选取范围的多种方法，还为社区的垃圾分类推广出一份力，今后利用信息科技来服务于生活，用实际行动来保护地球环境，爱护家园	和教师一起总结垃圾分类示例图的制作流程。 梳理本节课使用到的抠图工具。 树立垃圾分类的意识，并在生活中不断实践。建立用信息科技服务生活的意识	对本课知识进行总结，让学生对学习内容形成清晰的思路。 引导学生形成利用信息科技服务生活、保护环境的意识，并认识垃圾分类标准，树立垃圾分类的意识	2分钟

（十）附件

表 5-12　合作探究分工

角色	任务	要求
组长（1人）	协调组员工作，准备展示内容	小组组长
策划者（2人）	整理素材，协助设计师	阅读能力、计算机操作
设计师（2人）	处理素材，进行示例图设计	计算机操作
展示者（1人）	观察并总结，与组长准备展示	表达能力、计算机操作

表 5-13　小组任务分工

小组	素材
1、2、3	1号素材包
4、5、6	2号素材包
7、8、9	3号素材包

四、教学评价

《用 WPS 演示制作 MV——感受母爱，体验真情》一课通过用 WPS 演示工具完成作品的设计与创作培养学生的数字化学习与创新能力，明确制作 MV 的基本思路和方法，初步形成计算思维。该课的优点是以"感受母爱，体验真情"为明线，以 WPS 演示制作 MV 的技术学习为暗线，将技术学习融于解决问题的实际情境中。让学生用技术更好地为生活服务，解决实际问题，又在解决问题的过程中学会技术，并学会学习技术的方法，充分体现了《普通高中信息技术课程标准（2017 年版）》中提出的培育以学习为中心的教与学关系，在问题解决过程中提升信息素养。

《用 WPS 演示制作 MV——感受母爱，体验真情》一课也有一些不足之处，如教师让学生演示操作和分享交流时，多是优秀生作答，长期这样将不利于全体学生的发展，在以后的教学中要关注每一个学生，营造平等、和谐的课堂氛围。

《Photoshop 选取范围的方法》一课的优点有以下三点。第一，活用教材。新教材对 Photoshop 的内容编排比旧版的更加合理，不过在本课的知识点安排上稍显松散。如果直接用课本的案例，课堂可能会出现脱节，无法吸引学生的兴趣。本课以主要知识点为框架，设计了以"设计垃圾分类示例图"为主线的应用情境，有效地整合知识点，课堂的连贯性非常好。第二，应用 ICS 课堂教学模式。本课主要分为三大部分：自主学习、合作探究和分享交流。首先，学生以教学网站上的问题作为引导，阅读课本，完成基础知识点的自主学习。老师进行当堂检测与演示重点内容，及时解决学生对知识点的疑问，确保学习效果。接着，学生分组进行合作探究，结合教学网站上的教学资源（图文教程、微课视频等）来开展探究活动，突破课堂难点，完成课堂任务。最后由部分小组上台分享交流学习成果，并回应其他同学提出的质疑，保证同学们在课堂上遇到的问题都能及时解决。本课体现了以人为本的理念，重视对人的培养。选取的情境贴近学生生活，内容新鲜，让学生产生真实的情感体验，更能激发学生学习技术，使用技术服务生活的动力，提高学生的社会责任感。在课堂流程的设计上都是以学生为中心，让学生多思考，让学生上得了台，开得了口，无论是在技术上、能力上，还是思维层面上都对学生有一定程度的提升。

《Photoshop 选取范围的方法》一课的不足之处是各个环节的衔接略为生硬，需要再花时间来斟酌一下课堂语言，使得课堂更加流畅。在实际教学中发现学生合作探究部分的速度较慢，有个别小组没有在规定时间内将素材全部处理完毕，可以考虑将素材数减少 1 张，保证充足的时间给学生进行分享展示，因为展示的重点在于学生如何使用合适的工具处理素材（抠图）。合作学习与分享展示部分是否能够保证所有学生都能学会？本课还缺乏一个有效的评价方式，可否利用好教学网站来有效地检测每位学生对知识点的掌握情况呢？这是一个值得思考的问题。

五、实施方略

多媒体应用主要是将与某一主题相关的多媒体信息的文字、图像、动画、音频和视频等，按照规划和设计集成一个多媒体作品。在多媒体作品的设计过程中，要创设主线式情境，培养学生的高阶思维。主线式情境能为学生创设适合学生探究的环境，让学生沉浸在特定的情境下学习；能让学生体验分析、评价和创造的过程，提升学生的问题求解与决策、批判性和创造性等高阶思维。高阶思维是对思维过程的层次或水平的一种表征，指发生在高层次的、复杂的认知过程中的心智活动，体现为学生进行分析、评价、创造等活动的智力与能力[1]。

（一）创设真实情境主线，培养学生问题求解与决策思维

教师将真实情境中生成的问题，转化为符合学生认知水平的具体"任务"，构建高阶思维培育的路径和操作方式。学生在情境中体验、在合作中探究、在交流中分享、评价完成"任务"的过程，就是高阶思维不断提升的过程。

《用 WPS 演示制作 MV——感受母爱，体验真情》一课中，教师首先创设情境呈现问题，这个情境不只是用来引入新课，而是贯穿课程的一条主线，整个课堂学生都沉浸在这种情境体验中；接着，教师分配任务，让每个小组成员明确主题，学生先自主学习，初步学习制作 MV，接着学生以小组为单位，在合作中探究，修改完善作品；最后，学生在交流中分享展示成果。通过真实的情境主线，培养学生问题求解与决策思维。

（二）创设问题情境主线，培养学生批判性思维

《礼记·中庸》："博学之，审问之，慎思之，明辨之，笃行之。"强调在学习过程中应培养具有批判性思维的人。具有批判性思维的人，在处理问题时，能够客观地考虑正反两方面意见，虚心地进行自我检查，坚持

---

[1] 解月光，袁文铮. 在中小学学科课堂教学中如何培养学生的高阶思维[J]. 中国信息技术教育，2017（22）：4-11.

正确的观点，放弃错误的想法。这种人既善于从实际出发，又善于独立思考。教学中，创设问题情境主线，对培养学生的批判性思维有很好的促进作用。

根据信息科技学科的特点，创设高质量的问题情境，这里的问题情境不是一般的提出问题，更重要的在于创造质疑诱思之境，由教师设置情境问题的主线，引导学生展开思维活动，获得批判性思维的能力。

《Photoshop 选取范围的方法》一课创设了为社区制作垃圾分类宣传栏的问题情境主线，号召学生为垃圾分类工作做出自己的贡献。通过创设情境主线激趣导入，明确要解决的问题；接着学生通过自主学习，合作探究，创作完善作品；接着通过分享展示，解决问题；最后梳理知识，拓展提升，在潜移默化中培养学生的批判性思维。

第七节　算法与程序设计

一、课题分析

（一）课题概要

1946年，第一代电子计算机问世，之后计算机不断朝着超大型化、微型化和智能化方向持续发展，而且在应用方面已经遍及人类社会生活和生产的每个角落。在计算机被普遍使用的今天，是否具备一定的编程能力已经成为衡量一名青少年能否胜任未来工作的重要标准。在未来的工作场合中，通过编程，可以利用计算机超强的计算能力来解决很多问题，如计算机自动控制、计算机辅助设计、计算机辅助制造、计算机决策、新武器模拟试验、计算机辅助教学、计算机辅助医疗、计算机控制交通等，都少不了算法与程序设计的帮忙。

算法是计算思维的核心概念之一，也是人工智能得以普遍应用的三大支柱[①]之一。算法与程序设计以身边的算法为载体，使学生了解用算法求解简单问题的基本方式，培养学生初步运用算法的思维习惯，并通过实践形成简单算法设计与分析的能力。通过本章节的学习，学生将熟悉常用的算法描述风格与方式，能够理解算法执行的含义；能利用自然语言、流程图或程序等方式，描述求解简单问题的算法，并对它们的正确性和执行效率进行讨论和分析。

程序是用语言、文字、图表等方式表达解决某个问题的方法步骤。计算机程序是用指定的计算机语言表达解决某个问题的方法步骤，这些方法步骤必须是计算机能理解并且能执行的。程序设计主要指设计计算机程序的过程，它包含对问题的分析与了解、选取解决问题的方法步骤、用特定的计算机语言将方法步骤记录下来等。

---

① 人工智能得以普遍应用的三大支柱分别是大数据、算法和算力。

（二）教学内容

1. 认识一种简单的计算机程序语言，了解其简单应用。

　　例：通过展示计算机语言的一些简单有趣程序，引导学生学习计算机语言的基本命令及简单应用，感受计算机程序语言的特点。

2. 体验计算机程序语言运行程序的过程和方法。

　　例：模仿计算机语言的范例程序，编写调试类似的应用程序，体验计算机程序的编写过程与方法。

3. 体验用计算机程序语言控制计算机完成工作任务的过程和方法。

（三）教学建议

教学中，建议通过一些典型问题，用学生常见的编程工具展示运用计算机解决问题的方法与步骤，包括问题分析、算法设计、程序设计和上机调试等。根据所学计算机语言的特点，结合学生的兴趣爱好，设计计算机程序开发简单的任务，如开发有趣的游戏程序或用计算机程序实现图画创作等。

二、教学现场

（一）课题

《Python 基础——函数》。

（二）教学内容分析

本课是新世纪出版社《信息技术》八年级第一单元第五课的内容，主要是了解函数的概念，掌握自定义函数的方法，灵活运用自定义函数解决实际问题。

（三）教学目标

1. 了解函数的概念，掌握创建自定义函数的方法。

2. 能够使用自定义函数解决编程中遇到的问题，建立用编程解决生活问题的思维。

3. 培养学生分析问题、发现问题规律的能力。

（四）教学重难点

1. 创建自定义函数的方法。
2. 灵活运用自定义函数解决实际编程中的问题。

（五）学情分析

八年级学生对电脑的基础知识有一定了解，比较熟悉电脑的基本操作。学生通过前四课的学习，已经初步掌握了运用 Python 语言编程的方法，但大部分学生对函数这一概念比较陌生，部分学生存在对键盘标点符号位置还不熟悉的情况，不宜设置代码过长的任务。

（六）教学策略

1. 以 ICS 教学模式为指导，以"电费计算"为主线，以学生为主体，以教师为主导，通过呈现问题，温故习新，设计程序，分享成果，最后解决问题。让学生体验解决问题的过程，学会解决问题的方法。

2. 学生利用教师提供的教程，自主学习，合作探究，将学习的主动权还给学生。小组代表汇报研究成果，有利于教师根据学生的学习和展示情况调整讲授的重点，对课堂生成进行有效整合。

（七）教学环境

多媒体网络教室。

（八）课时安排

1课时。

（九）教学过程

表 5-14 《Python 基础——函数》教学过程

教学环节	师生活动	设计意图	时间
创设情境 引入新问题	教师从本市实行的阶梯电价政策引入，明确收电费的标准：每月使用小于等于 200 度的部分，每度电 0.6 元；每月大于 200 度，小于等于 500 度的部分，每度电 0.7 元；每月大于 500 度的部分，每度电 0.9 元。因为电费是按季度缴纳的，所以小明的爸爸一直不知道每个月需要交多少电费，你能不能替小明爸爸设计一个程序，当输入一季度中每个月的用电量后，自动计算出每个月的电费，以及整个季度的总电费，这样就能方便小明的爸爸核算具体支出。	用实际问题引入新课，激发学生的兴趣	4 分钟
回顾知识 引出新内容	回顾复习上节课学习的"学号识别"分支程序。分析代码，发现想要在当前程序的其他位置或其他程序中使用学号识别功能时，只能直接复制这段代码过去，如果学生年级升级，就需要一个个程序来修改，非常不方便。使用自定义函数就能够解决这个问题了，由此引出合作探究的 3 个问题： 1. 函数是什么？什么是自定义函数？ 2. 函数的格式是怎么样的？格式中的"参数""语句块""返回值"分别是什么？ 怎么使用自定义函数？	通过复习，让学生进一步熟悉分支程序的基本结构，引出使用自定义函数的必要性，明确合作探究的问题	7 分钟
| 合作探究 得出新对策 | 学生根据课本内容来对上一步中提出的问题进行分组合作探究。结合教学网站上面所给出的探究步骤提示，找出这三个问题的答案。以下是教学网站的提示：<br>自定义函数的格式以及各部分的意义：<br><br>```
def 函数名（参数）：    #参数—输入
    语句块              #语句块—处理
    return 返回值       #返回值—输出
```<br>自定义函数格式及各部分意义<br>教师解释函数的概念：函数是可重复使用、实现 | 学生合作探究解决本课的重点，灵活运用自定义函数解决实际问题。<br>在合作探究的过程中，教师需要对学生进 | 16 分钟 |
```

续表

教学环节	师生活动	设计意图	时间
	某一功能的代码块。如 print（ ）、input（ ）、int（ ）、float（ ）等函数。Python 中的函数可以大致理解为"程序中的程序"，这个"程序"与普通的程序结构差不多，有着"输入—处理—输出"三部分，但是其中各个部分都可以省略。所以自定义函数可以根据需要来定义这三个部分。 学生参考课本案例，根据教学网站的程序流程图，组内成员合作完成用自定义函数计算每个月的电费，以及整个季度的总电费，并在程序中的其他地方调用这个自定义函数，实现自动计算的功能。	行指导，给予学生一定的帮助	
小组展示 交流新成果	1. 小组活动流程 （1）确定分工； （2）探究操作过程； （3）协同完成任务； （4）汇报成果； （5）汇报结束后由其他同学进行补充和质疑，汇报者尽可能进行解答，实在不懂也可以请其他同学或老师补充与点评。 2. 主要汇报内容 （1）函数中的参数有什么作用？本程序中的参数是什么？ （2）函数的返回值有什么作用？本程序中返回值返回了什么？ （3）整个程序的执行流程是怎样的？为什么要使用自定义函数？	学生通过小组展示，分享本组的合作探究成果。梳理自定义函数的相关知识点	10分钟
梳理知识 总结提升	回顾本节课的学习过程，总结所学的知识点：函数、参数和返回值等，总结自定义函数的作用：提高代码重用率，增强灵活性，以及何时应该使用自定义函数。 通过小结，让学生知道什么时候可以利用自定义函数使得程序变得简单，用自定义函数解决实际问题	梳理本节课的知识，总结提升	3分钟

（十）附件

表 5-15　小组分工

角色	任务	要求
操作者	根据教学网站中的提示以及课本案例，完成程序设计任务	操作能力强，编程技术好
汇报者	协助操作者完成操作任务。在汇报环节，为同学介绍程序中每部分的作用以及程序的设计思想	声音洪亮，表达能力强
建议者	在本组或其他小组的汇报结束后，提出合理的建议	声音洪亮，逻辑思维强

三、教学评价

《Python 基础——函数》一课有三个值得肯定的地方。一是联系生活，让学生对需要解决的问题有直观的认识，学会用程序解决生活中的问题。二是学生利用网站自主学习、合作探究，体现了以学生为主体的理念。学生不仅学会了用函数解决程序问题，更学会了自主学习与合作探究的方法。三是在课堂的实施过程中，循序渐进，环环相扣，层层深入，让学生在不知不觉中掌握本课内容。

当然，该课也存在一些不足：个别学生对于分支结构程序掌握得不够熟练，很难做到自主迁移；教学网站上的拓展资源较少，学生合作探究效率不足，建议教师提供尽可能多的资源供学生使用；函数是 python 学习的一个难点，难度稍大，部分学生还是觉得比较困难。

四、实施方略

（一）情境主线，让程序有温度

在算法与程序设计教学中，教师如果单纯地说算法，讲代码，写程序，不能激发学生主动学习程序设计的兴趣，对学生而言是一种被动的输入，而非学生主动发现认知，导致程序代码脱离生活实际。在实际教学中，教师可以创设贴近生活的学习情境，通过实际需求学习程序算法，再转换成程序代码，让学生学会用程序设计解决实际问题，又在解决问题的过程中学会程序设计。

《Python 基础——函数》一课，设置了阶梯电费的计费程序。学生从这一情境入手，用程序解决电费的计算问题，让程序更接地气，消除学生对程序的陌生感，感受程序的温度。

（二）循序渐进，减低程序难度

算法与程序设计比较抽象，这部分的教学并不是特别受学生欢迎，不是所有的学生都够轻松地掌握。因此，首先要降低程序设计的难度，减少学生的畏难情绪，唤起学生对程序设计学习的兴趣。教师可改变直接让学生编写代码的传统教学方式，先从积木化编程入手，让学生轻松体验积木化编程带来的乐趣。再从阅读代码和修改代码入手，提升学生对典型代码的阅读和理解水平，增强编写代码的能力。程序设计教学要基于学生认知规律，让学生在体验、尝试和反思中循序渐进地成长和发展。

（三）针对个性，提供学习资源

在算法与程序设计教学中，学生的基础不同，自然也会出现不同的学习困难。ICS 教学模式以学习者为中心，尊重学习者之间的个性差异。在教学过程中，通过提供多样化学习支架有针对性地支持和帮助学生。学生学习算法与程序设计都是从简单输出开始的，但即使是最简单的程序，学生在编写代码时仍然会出现不同类型的错误，如符号错误、括号错误、拼写错误等，学生非常依赖教师的帮助。但教师很难兼顾全体学生，总会有学生因为没有及时得到教师的指导而感到沮丧、烦躁，教师也会因过于忙乱而失去对课堂的把控。因此，教师在进行程序设计教学时，必须先研究学生的实际情况，然后根据学情有针对性地提供多样化学习资源。《Python 基础——函数》一课，教师运用教学网站为学生提供了丰富的学习资源，学生可以有效利用学习资源进行自主学习与合作探究。用好学习资源，算法与程序设计教学中的问题和难点就能迎刃而解。

第八节　物联网设计

一、课题分析

（一）课题概要

物联网的基本含义是"万物互联"，即在互联网的基础上，将人与人的互联延伸扩展到人与物、物与物的互联。物联网的出现极大地拓展了人们的生活、学习和工作空间，推动了物理世界与数字世界的相互融合。物联网是继互联网之后的新一代信息基础设施，是推动大数据和人工智能等新一代信息科技应用发展和普及不可或缺的重要组成部分。

通过本章节的学习，学生能初步理解万物互联给人类信息社会带来的影响、机遇和挑战；了解物联网尤其是传感器系统作为连接物理世界与数字世界的纽带与媒介；了解物联网与互联网结构的异同、主要物联网协议，以及典型物联网应用的特点；能够将基本物联网设备和平台作为进一步学习和探究信息科技及其他课程知识的有效途径；能够设计并实现具有简单物联功能的信息系统。本模块包括"从互联网到物联网""感知万物——传感器的作用""物物之间的信息交换——物联协议"和"物联网应用"四部分内容。

（二）教学内容

1. 通过实例感受万物互联的场景，知道物联网与互联网的异同，认识物联网普及对学习和生活的影响。

2. 通过对身边真实应用场景中物联网的分析，认识物联网实现万物互联的基本原理。

3. 自觉遵守物联网实验的操作规程，会使用实验设备搭建物联系统原型，并能通过实验平台读取、发送、接收和使用数据。

4. 了解物联网中数据处理的特点，能根据学习需要，设计和搭建具有数据采集、反馈控制等基本功能的简易物联系统。

5. 了解身边的物联设备及其对塑造网络虚拟身份的作用，有意识地保护个人隐私，进行安全防护。

6. 了解物联网中发展自主可控技术的意义，认识自主可控生态体系对国家安全的重要作用。

（三）教学建议

通过各种层次的多样化实例，包括自动驾驶、智能家居、可穿戴设备、网络收音机、智能班牌等，帮助学生感受万物互联的场景，了解物联网的原理以及与互联网的异同，了解万物互联背后的基本思想。

通过分析典型物联应用、使用物联设备、搭建简易物联系统等途径，指导学生实践并掌握从物联设备中读取、发送、接收和使用数据，并了解这些过程背后的物联协议。

通过真实或模拟的特定场景，帮助学生了解身边的物联设备对塑造网络虚拟身份的作用，使学生形成自觉保护个人隐私、树立维护虚拟数字世界秩序的意识，并引导学生开阔思路、勇于创新，共同憧憬和探究未来物联世界的奥秘。

二、教学现场

（一）课题

《走进 Arduino 的世界》。

（二）教学内容分析

本课的主要内容是使用图形化软件编写程序，下载到 Arduino 主板上，实现对各类电器的控制，另外还涉及 LED 矩阵图形的绘制。本节课涉及的物联网知识比较简单，让学生初步感知万物互联，体验物联网在生活中的应用。

（三）教学目标

1. 通过学习 Arduino 主板的构造及其应用领域，知道学习各类电路板的方法。

2. 使用 ArduBlock 软件编写程序控制电路的开与关，掌握将程序下载到 Arduino 主板的方法。

3. 体验物联网的乐趣，增强应用物联网服务生活的意识。

（四）教学重难点

教学重点：学会使用 ArduBlock 编写程序控制 Arduino。

教学难点：将所学知识迁移到实际应用中。

（五）学情分析

七年级的学生好奇心强，思想活跃，但生活经验不够丰富。大部分学生之前没有深入了解过 Arduino 控制器，也没有编写程序的经验。

（六）教学策略

1. 任务驱动。为学生提供实践体验的情境，让学生围绕任务展开学习，以任务的完成结果检验与总结学习过程，使学生能够主动建构探究、实践、思考、运用、解决高智慧的学习体系，让学生做中学。

2. 合作探究。把知识问题化、学习情境化。为每个小组设置探究问题，学生经过合作探究得出结论，促使学生进行主动的知识建构。

3. 微课教学。利用教学网站，为学生提供短小精悍的微课教学视频，内容包含 Arduino 程序设计、下载程序到硬件设备、LED 灯矩阵编码和抽水机、红绿灯的控制等。丰富学生的学习资源，满足不同学生的需求。安排了层层深入的实践探究任务。

（七）教学环境

多媒体网络教室。

（八）课时安排

1 课时。

（九）教学过程

表 5-16 《走进 Arduino 的世界》教学过程

教学环节	教师活动	学生活动	设计意图	时间
自主学习	课前发放学案	学生根据学案自主学习，完成预习。初步了解课程内容，并把存在的疑难困惑记录下来，以备课堂上进行讨论	学生通过学案明确本节课的学习目标、重难点、探究问题等	
复习引入	向学生展示 Arduino 主板，检查预习情况。主要内容有： 什么是 Arduino？ Arduino 的接口有哪些？ Arduino 的应用有什么？ 总结研究 Arduino 主板的一般方法	学生思考与听讲	引导学生入门。初步了解 Arduino 主板的构造及其应用领域	5 分钟
合作探究	阐述"大头儿子与小头爸爸"遇到的困惑。激趣引入各小组任务： 1. 最近大头儿子与小头爸爸一家人准备外出旅游。那么问题来了，一家人都外出了，家里的花草无人浇水，很快就会枯死。请 1、2、3 组同学编写程序，采用 Arduino 控制抽水机浇灌花草，实现定时浇花，并控制浇花持续的时间。让大头儿子与小头爸爸一家人可以放心外出旅游。 设备：小型抽水机 1 个、绿萝 1 盆	观看微课视频，组长做好分工，先讨论自动浇花的原理，再实践操作，并做好展示准备	每个小组三位同学共用一台电脑，通过微课学习本小组任务的解决方案，为小组展示做好准备。 学生通过合作探究，学习编写计算机程序控	19 分钟

续表

教学环节	教师活动	学生活动	设计意图	时间
	2. 小头爸爸听说他们要去的地方人很多，交通很混乱，本想自驾游的他又犹豫起来，请4、5、6小组编写程序，通过Arduino控制交通红绿灯，让小头爸爸可以安心自驾游。 设备：模拟红绿灯（红、黄、绿三种LED灯组成）	先观看微课视频，讨论交通灯的原理，知道如何设计程序，再实践操作，并做好展示准备	制Arduino板。在合作探究过程中，教师要参与其中，给予必要的指导。通过合作探究培养学生的团队协作精神	
	3. 围裙妈妈是个路痴，没有方向感，而景点指示标志又很不明确，这让大头儿子和小头爸爸很不放心，请7、8、9小组负责编写程序并上传到Arduino主板，控制LED矩阵以达到绘制景区指示标志的目的。 设备：LED矩阵	1到3号同学负责图案设计，可以借助LED灯矩阵卡纸，并把设计好的编号记录下来。4到6号同学负责编写程序。在编写程序前，先观看微课教程，并做好展示准备		
小组展示质疑释疑	明确展示的要求，随机抽取小组上台展示。 认真听取学生的发言，如有错漏及时纠正或补充，启发学生思考。 协调各小组展示时间，对学生的表现给予鼓励	小组代表根据要求进行展示，其他同学认真观察，提出适当的补充和合理的建议	在补充和建议的过程中促进知识的生成。培养学生思辨和表达能力	12分钟

续表

教学环节	教师活动	学生活动	设计意图	时间
知识拓展	总结："我们已经学会了控制Arduino主板的方法,事实上这些知识还可以进一步应用到生活中来。如可以编写程序,用红外遥控来控制家里的灯、风扇等电器。 科技改变生活,希望同学们都能用自己所学的知识服务生活,让世界变得更美好"	学生听讲并思考,回顾本节课学习的内容	知识升华,增强学生应用科学知识服务社会的意识	4分钟

三、教学评价

《走进 Arduino 的世界》一课以 ICS 教学理念为指导，以学生喜爱的动画人物大头儿子和小头爸爸一家外出旅游为情境主线，围绕他们旅游的实际问题设置了三个合作探究任务。每个小组先利用教师提供的微视频自主学习，掌握基础的技术要点，再通过小组合作探究解决本小组的任务，最后向全班同学展示解决方案。本课在实施的过程中，比较依赖硬件设备。教师需要在课前做好充足的准备，包括小型抽水机 1 个、绿萝 1 盆；模拟红绿灯（红、黄、绿三种 LED 灯组成）和 LED 矩阵。

四、实施方略

（一）根据设施设备，选择教学内容

必要的软、硬件配置是物联网教学正常实施的前提，教师应根据学校设施设备情况规划教学内容。如有一些开源软硬件平台，扩展一定量的传感器和通信模块，就能满足基本的教学需求，目前有 Arduino、掌控板和树莓派等开源硬件。建议教师在课前做好充足的准备，对设备进行调试、实验，以备教学中针对学生遇到的实践问题进行指导和处理。

（二）依靠任务驱动，解决实际问题

物联网教学适宜采用任务驱动的教学模式，对教学设计进行任务划分，从简单的工作开始，让学生结合已有的经验，参与到学习中，教师和学生共同提出解决问题的方案，调动学生的主观能动性。在小组合作探究过程中，教师将学生分成若干个小组，给每个小组都安排好具体的任务，小组成员根据任务要求做好分配，分工合作，共同完成任务，解决问题。

在实际教学中，教师可以选择一些物联网应用，如小型智能家居系统、安防物联网和农业物联网等；在主题方面，建议教师尽量选择情境真实、内容广泛且与社会联系密切的主题，如关爱老人、健康生活、绿色出行等。

（三）利用展示交流，实现多元评价

物联网学习应注重成果的交流展示，引导学生更好地利用物联网解决生活、学习中的实际问题。教师可以在课堂上组织学生进行成果展示，也可以通过如问卷星、UMU等网络学习平台展示成果，对优秀主题设计投票、最佳团队选拔、优秀设计方案等评选活动实现多元评价。优秀作品还可以在学校的公众平台上进行展示，或者为学生搭建外出参赛和交流的平台，让学生充分体验利用物联网技术改变生活的成就感。

第九节 人工智能初识

一、课题分析

（一）课题概要

人工智能是研究和开发用于模拟、延伸和扩展人的智能的理论、方法、技术及应用系统的一门新的技术科学。本课主要介绍人工智能的基本概念和术语，通过生活中的人工智能应用，让学生理解人工智能的特点、优势和能力边界，知道人工智能与社会的关系，以及发展人工智能应遵循的伦理道德规范[①]。

通过人工智能初步课程的学习，学生能认识和感受到人工智能的魅力，知道人工智能发展必须遵循的伦理道德规范，也能正确认识智慧社会这一新型社会形态下的新机遇与新挑战。

（二）教学内容

1. 通过认识身边的人工智能应用，体会人工智能技术正帮助人们以更便捷的方式投入学习、生活和工作，感受人工智能技术给人类社会带来的深刻影响。

2. 通过分析典型的人工智能应用场景，了解人工智能的基本特征及所依赖的数据、算法和算力三大技术基础。

3. 通过对比不同的人工智能应用场景，初步了解人工智能中的搜索、推理、预测和机器学习等不同实现方式。

4. 通过分析典型案例，对比计算机传统方法和人工智能方法处理同类问题的效果。

[①] 教育部. 义务教育信息科技课程标准（2022年版）[M]. 北京：北京师范大学出版社，2022.

5. 通过体验人工智能的应用场景，了解人工智能带来的伦理与安全挑战，增强自我判断意识和责任感，做到与人工智能良好共处。

6. 通过各个领域的人工智能应用，了解智慧社会是集成了多种具有人工智能基础设施和服务的智能生态系统的新型社会形态，认识到自主可控技术为保障智慧社会安全发展的必要性。

（三）教学建议

通过身边的人工智能应用场景，引导学生正确认识人工智能，并带领学生分析具体案例，让学生对所涉及的技术基础有所了解，在实际应用、体验中体会人工智能带来的社会变化和安全挑战。

二、教学现场一

（一）课题

《识别口罩——Mind+图形化程序设计》。

（二）教学内容分析

这一课是基于 Mind+ 程序设计的，该课既体现了国家教育发展趋势，又为学生进一步学习人工智能做好铺垫，主要内容为采用 Mind+ 软件设计识别口罩的程序。整个程序共分为四大模块：初始化摄像头及 KNN 分类器、学习不戴口罩的画面、学习佩戴口罩的画面、识别是否戴口罩。采用模块化的编程方式可以方便学生理解。

（三）教学目标

1. 学会使用 Mind+ 软件编写识别口罩的程序，体验人工智能解决实际问题的过程，感受人工智能的价值。

2. 通过合作探究完成口罩识别的实践任务，培养学生团队精神。

（四）教学重难点

教学重点：掌握使用 Mind+ 软件编写识别是否戴口罩的程序。

教学难点：理解 KNN 物体分类器进行机器学习过程。

（五）学情分析

六年级学生自主意识逐渐强烈，有强烈的好奇心，喜欢用批判的眼光看待事物。本课的内容是基于目前疫情防控形势而设置的，学生有很高的学习热情。经过前面几节课的学习，学生已掌握了图形化编程的基本程序结构，逻辑思维能力有所提高。他们已经积累了一定的生活经验，能结合已有经验理解新事物。

（六）教学策略

为学生提供入门任务、进阶任务以及挑战任务，实施分层递进教学，满足不同层次学生的需求。一方面，学生利用教学网站上的资源开展自主学习，了解机器学习的一般过程，完成开启摄像头、初始 KNN 分类器的入门任务；另一方面，在合作探究过程中，让学生发挥团队力量，达成重点突破难点，共同完成识别口罩的实践活动。

构建多维评价体系。为激励学生学习，利用教学网站构建多维评价体系，贯穿整节课，评价内容包括回答问题、课堂展示、质疑、上交作业、小组自评、教师评价。

（七）教学环境

多媒体网络教室。

（八）课时安排

1 课时。

（九）教学过程

表 5-17 《识别口罩——Mind+图形化程序设计》教学过程

教学环节	教师活动	学生活动	设计意图	时间
创设情境引出新课	在当前新型冠状病毒疫情防控背景下，提出如何利用技术手段帮助解决部分人在公共场所不戴口罩的问题。引出新课内容，使用Mind+机器学习模块编写程序，实现识别口罩的任务。	认真听讲，明确主题，确定学习任务。主动思考：如何用人工智能技术对公共场所不戴口罩的人进行高效管理。	创设情境，呈现本节课要研究的问题，激发学生的学习兴趣。	3分钟
自主学习初识机器学习	提出问题：什么是机器学习？ 明确任务要求：自主阅读教学网站上的学习资料，结合已学知识了解机器学习原理。 引导学生发表自己对机器学习的理解。	明确任务要求，带着问题阅读教学网站上的资料，思考：什么是机器学习？ 阅读教学资料后，结合生活经验分享对机器学习的理解。	培养学生自主学习的习惯和能力，根据生活经验了解机器学习的概念。	5分钟
原理讲解	演示戴口罩与不戴口罩，并提问："为什么同学们可以快速辨认出老师有没有戴口罩？" 帮助学生理解机器学习：人之所以能够快速辨认出有没有戴口罩，因为是我们已经学习过什么是口罩，而且知道戴口罩与不戴口罩的模样。同样，电脑要识别有没有戴口罩，也需要先学习，积累了一定的学习数据后才能用特定的方法识别有没有戴口罩。	对老师提出的问题进行思考。 在教师的帮助下，进一步理解机器学习的概念。	通过现场演示、解析说明，帮助学生理解机器学习的概念。	4分钟

续表

教学环节	教师活动	学生活动	设计意图	时间
自主学习 完成入门任务	展示开启摄像头与初始化KNN分类器的流程图，引导学生根据流程图，用Mind+软件编写程序。 引导学生展示自主探究成果，对学生的操作进行补充或纠正。	根据流程图，独立自主地完成入门任务。 小组向全班同学分享入门任务的操作过程，其他同学认真聆听。	自主学习，根据流程图编写程序，完成入门任务。 为进阶任务做好基本技能的铺垫。	5分钟
合作探究 完成进阶任务 尝试完成挑战任务	展示进阶任务的流程图及关键程序，引导各小组完成编写程序让电脑学习戴口罩及不戴口罩时的画面，编写程序识别是否戴口罩。 提出合作探究任务要求：各小组要做好分工合作，每位组员都要投入合作探究中。 展示挑战任务的内容与要求：对程序进行改进，让识别口罩的操作过程变得更便捷与人性化，减少识别的误差。	明确探究任务的内容和要求。 各小组长根据要求进行分工，选定操作员、发言代表和演示员。根据流程图，开展合作探究任务，编写程序。遇到问题时小组讨论或通过微课学习操作方法。 学生完成进阶任务后尝试做挑战任务，提交作业。	学生通过小组合作探究，完成识别口罩的实践任务，解决本课的重难点。 设置进阶任务与挑战任务，满足不同层次学生的需求。	10分钟
展示质疑	引导已完成任务的小组向全班同学展示合作探究成果。 认真观察学生的展示，如有错漏，在学生展示完毕后引导学生发现问题。 根据展示情况，适时介入，给予纠错或补充。	小组展示探究成果。在小组长的组织下，发言代表进行介绍，操作员运行程序，演示员进行演示。 其他小组的同学认真聆听，适时提出疑问。	通过展示与质疑，生成新知，促进各小组间的交流。	10分钟

续表

教学环节	教师活动	学生活动	设计意图	时间
梳理知识拓展延伸	对本节课的知识点进行总结，引导学生梳理本节课的学习内容。 根据课堂量化评价表，对学生的学习情况给予评价，鼓励学生进一步学习人工智能的相关知识	回顾本课所学内容。 小组长对本小组在课堂中的表现进行自评	巩固新知识，增强学生的成就感	3分钟

（十）附件

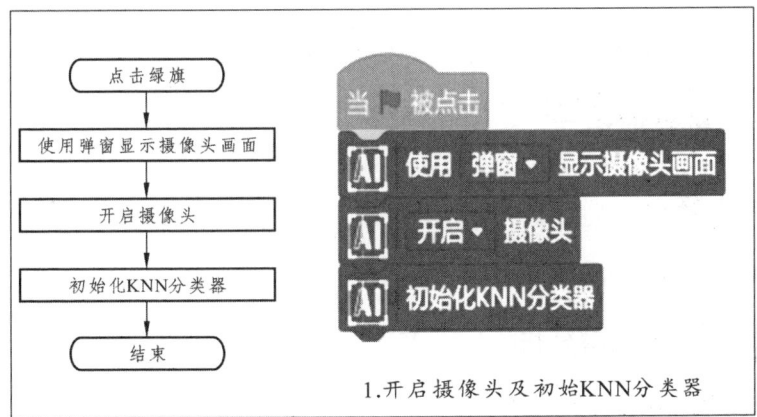

图 5-18　开启摄像头及初始 KNN 分类器

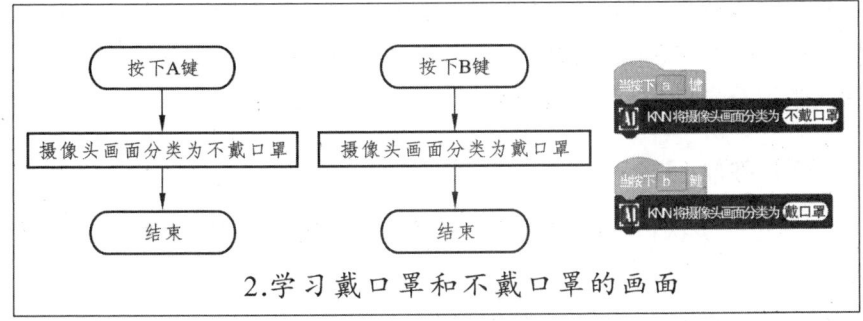

图 5-19　学习戴口罩和不戴口罩的画面

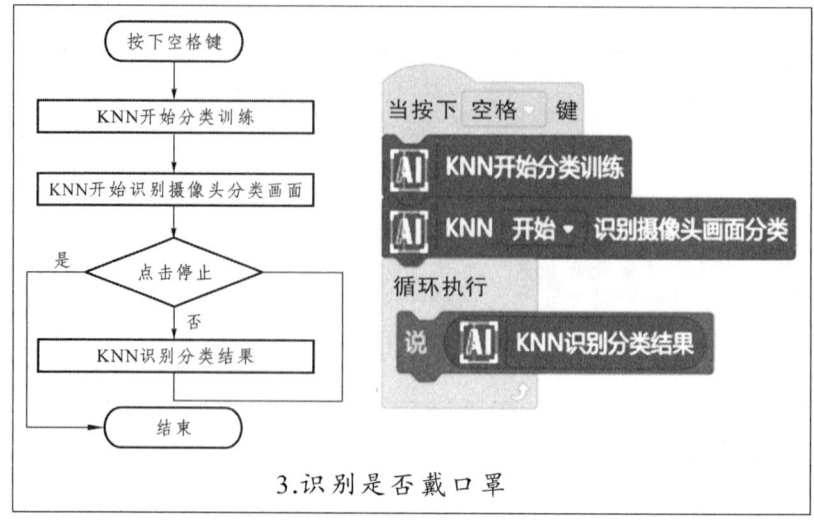

图 5-20 识别是否戴口罩

三、教学现场二

（一）课题

《初识人脸识别技术》。

（二）教学内容分析

本课为《Mind+程序设计》的第三节课，主要内容是明确人脸识别的一般流程，并使用 Mind+ 软件"机器学习"模块中的人脸识别功能进行实践。是在学习顺序结构程序设计的基础上，通过学习刷脸支付程序，进一步体验 Mind+ 软件的强大功能。学生在本节课初次接触分支结构，为下一课深入学习分支结构程序做铺垫，具有承上启下的关键作用。

（三）教学目标

1. 通过初步认识人脸识别的工作流程，完善刷脸支付程序，培养计算思维。

2. 学会使用刷脸支付程序采集人脸信息，并能让计算机正确识别人脸。

3. 正确使用人脸识别技术，树立保护自己个人信息的意识，明确信息社会责任。

（四）教学重难点

教学重点：了解刷脸支付程序的工作流程，完善程序。

教学难点：使用刷脸支付程序对人脸进行采集，并能正确识别出不同的人脸。

（五）学情分析

七年级学生普遍具有好奇心，喜欢探究新事物，对人脸识别技术有浓厚的兴趣。人脸识别技术虽然在生活中应用较为广泛，很多学生都有所接触，但大部分学生都不了解其中的工作流程。学生通过前两课的学习，已经可以使用 Mind+ 软件来编写简单的顺序结构程序，为学习人脸识别技术奠定了基础。学生已习惯使用教学网站上课，能够主动地使用网站上的图片、文字与视频等资源进行学习，并能通过小组合作探究来完成任务。

（六）教学策略

本课主要采用问题探究式的教学方法，以编写饭堂刷脸支付程序为线索提出分层探究问题，引导学生通过自主学习、合作探究、分享展示等环节来完成知识建构。学生首先参考教学网站上的资源，自主学习，并完善流程图和程序；然后通过小组合作形式探究情境中的问题，完成人脸采集与识别过程；接着小组成员展示程序，其他同学进行质疑或补充，对知识的深度进行进一步挖掘。

（七）教学环境

多媒体网络教室。

（八）课时安排

1 课时。

（九）教学过程

表 5-18 《初识人脸识别技术》教学过程

教学环节	教师活动	学生活动	设计意图	时间
激趣导入明确目标	演示刷脸支付程序，引出本课主题。 创设情境：小陈同学想要为学校饭堂开发一款刷脸支付程序，以代替饭卡的使用，解决饭卡容易丢失的问题。 展示学习目标	观看演示，知道本节课的学习内容，明确学习目标	以切近学生校园生活的案例引入新课，明确主题。通过展示刷脸支付程序，吸引学生的注意力，活跃课堂气氛。 学生带着目标开展学习活动，提高学习效率	3分钟
自主学习完善程序	布置自主学习的任务。 让学生补充流程图，并完善程序。 教师巡堂并适当帮助有需要的同学。 提出问题，检测学生自主学习情况	聆听教师讲解，做好相关知识点的笔记。 参考图文视频教程，完善流程图和程序，并提交。 回答问题，检测学习情况	让学生明确刷脸支付程序的工作原理，利用资料自主学习，完善程序，掌握基础知识。 通过师生交流，明确刷脸支付的工作流程，完善程序，解决本课的重点问题	10分钟
合作探究解决问题	提出探究问题： 基础问题：如何采集一位同学的人脸数据，并正确识别出该同学？采集人脸时有什么需要注意的地方？ 拓展问题：如何采集多位同学的人脸数据，并能正确识别出不同人脸？ 巡堂并观察各小组制作情况，并适当指导	组长根据探究说明，结合分工表，选出程序员1名，负责根据程序运行情况修改程序，展示时讲解程序；实验员2人，负责采集人脸，并识别人脸。 组内积极开展合作探究，尝试使用自己编写的刷脸支付程序完成人脸信息采集及识别的操作	小组成员之间的合作探究可以充分交流自己的想法，明确的分工可以提高小组完成探究任务的效率，同时也能满足不同层次学生的需求。 让学生体验采集人脸与识别人脸的过程，在此之中，学生需要不断地调试程序，才能使程序能正常运行，从而突破本课难点	10分钟

续表

教学环节	教师活动	学生活动	设计意图	时间
分享展示巩固知识	请两到三个小组上台演示程序运行情况。观察展示小组的操作，听取学生的讲解，适时进行引导、补充。 问题预设（可以是学生提出，也可以是教师补充提问）：什么是FaceAPI？程序运行的过程中哪个步骤使用了机器学习算法？能否正确识别不同的人脸？识别结果的可信度要应如何调整？ 用手机对展示小组某位同学拍照，并用照片进行刷脸支付，发现也能支付成功，引出两个问题：如何解决使用照片也能刷脸支付的问题？如何保护个人信息？	展示小组到讲台演示程序运行结果，演示采集并识别人脸。 非当前展示小组的同学认真聆听展示小组的讲解，如有疑问可在展示完毕后补充或质疑。 观察教师演示，思考并回答问题	通过小组分享展示，进一步明确如何采集人脸、识别人脸，检测学生的合作探究成果。 通过提出本小组遇到的问题以及回答同学质疑与点评，能让学生思维进行碰撞，生成更多新的想法。 让学生明白当前的程序还存在安全隐患，还需要进一步改进。教育学生树立保护个人信息的意识	12分钟
梳理知识拓展提升	用刷脸支付程序的流程图总结本课。以学校大门的刷脸门禁为例，并使用流程图来简要描述其工作流程（初始化设备—采集人脸—识别人脸）。	认真听讲总结，回顾知识点。 明确人脸识别技术的一般过程。 课后思考其他人脸识别技术应用的工作流程	总结知识点，让学生明确人脸识别的一般步骤，能对生活中的人脸识别应用有进一步的认识，提升了学生的信息意识以及知识迁移能力	5分钟

续表

教学环节	教师活动	学生活动	设计意图	时间
	课后拓展：用流程图简要描述生活中其他人脸识别技术（如手机刷脸解锁、高铁进站闸机）的工作流程是什么			

（十）附件

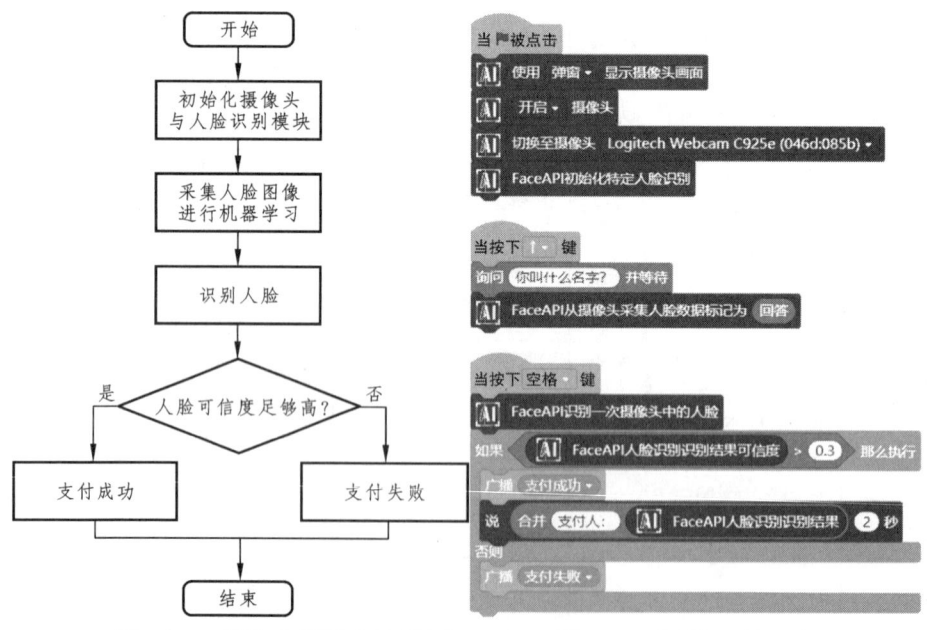

图 5-21　刷脸支付程序流程图　　图 5-22　刷脸支付程序

四、教学评价

这两课都是在 ICS 教学理论的指导下，教师创设切近学生生活的情境主线，学生通过自主学习、合作探究和分享交流达成学习目标。

《识别口罩——Mind+图形化程序设计》一课设计了入门任务、进阶任务及挑战任务，层层递进，满足不同层次学生需求；依托教师自主开发的教学网站开展自主学习、合作探究，为学生提供学习资源，促进学生个性化学习，提高学生数字化学习与创新能力；构建多维评价体系，对回答问题、课堂展示、质疑释疑、上交作业等情况进行量化加分，贯穿整节课，激发学习热情，同时加入小组自评及教师评价，发挥多元评价优势。不足之处主要是个别学生对老师的依赖过高，部分学生不敢大胆地表达意见。

《初识人脸识别技术》一课具有以下三个教学特色。第一，人脸识别技术虽然在生活中已有了广泛的应用，但学生还不清楚其工作原理，本课以"开发饭堂刷脸支付程序"为主线，让学生通过编程来了解人脸识别的基本工作流程，培养学生的计算思维，增强学生使用程序设计解决生活问题的意识。第二，在课堂中引导学生关注人脸识别技术的安全问题，让学生了解人工智能带来的伦理和安全挑战，增强自我判断意识和责任感。第三，本课依托自主开发的教学网站进行开展，学生能够随时在网站上获取所需的教学资源，大大提高了课堂效率。

五、实施方略

（一）因地制宜，选择授课内容

中小学人工智能课程的最大特点就是受限于现有的教学环境与资源，因此要顺利开展相关课程就需因地制宜，选择授课内容。经费充足的学校，可以考虑建设高端、大气、上档次的人工智能实验室以及开放的、先进的人工智能实验平台，让学生沉浸在人工智能的应用场景中，充分感受人工智能的优势及不足；经费不足的学校则可以利用学校现有的创客实验室和开源硬件，让学生在原有基础上引入人工智能软件、硬件模块；没有经费的学校，教师就只能利用手机、网络平台搜索人工智能的应用，让学生观摩、体验其优势与不足。

（二）创设情境，任务驱动

中小学人工智能课程具有很强的实践性，教师可提前制订兼具可操作性和扩展性学习计划。在教学过程中应把知识与技能置于真实、生动的情境中，以任务驱动方式进行自主学习与合作探究。教师在整个实施过程中适时引导，并提供自主探究的学习支架与学习资源，助力学生进行项目开发和创新，并进行多方面的交流与评价。

附　录

附录一　ICS 教学模式应用效果研究
——以初中信息技术为例

摘　要：本文在研究 ICS 教学模式的理论依据与基本结构的基础上，以初中信息技术为例，运用实验研究法，问卷调查法和访谈法研究该模式的应用效果。意在探索更适合初中信息技术课程的教学模式，为一线教师的教学提供有价值的参考。

关键词：教学模式；效果研究；ICS

一、ICS 教学模式概述

（一）概念界定

ICS教学理念倡导教师创设情境化的教学环境，引导学生在特定的情境环境中，通过自主学习（independent learning）、合作探究（cooperation inquiry）和分享交流（sharing interchange）三步达成学习目标，同时养成良好的学习习惯和学习能力。它将课堂分为三个看似独立实则相互联系的三个部分。自主学习（independent learning）是课程改革的首要目标，通过自主学习（independent learning）培养学生良好的学习习惯。合作探究（cooperation inquiry）就是以小组为单位，教师作为课堂的组织者，利用各种动态因素，促进学生自主探究。以集体作为评价的出发点，以达到预期目标的一种教学。"学习金字塔"告诉我们，学习效果最好的方式，就是把知识传授给他人或者马上应用，而分享交流（sharing interchange）很好地实现了这种效果。

（二）ICS 教学模式的理论基础

1. 建构主义理论

ICS 教学模式以任务和活动为主线，营造情境式的教学环境。学生首先利用教师提供的教学资源自主学习，解决基础问题，发现学习中的困难。接着以小组为单位，针对本节课的重点、难点进行合作探究，通过与组内合作、组间交流以及教师的指导，解决难点，突破关键点。最后通过分享交流，进一步完善知识体系。教师作为课堂的指导者，在教学过程中对学生出现的问题要及时指导，促使学生加深对知识的理解和掌握。

建构主义认为，学习者的知识是在一定的情境下，借助学习过程中其他人的帮助，如教师和同学间的协作和交流，利用必要的学习资料，通过意义建构而获得[1]。学生通过自主，合作，分享等形式来学习，对知识、问题等的理解会更全面、深刻。因此，教学应该倡导学生间的相互交流和讨论，提倡学生与教师的对话与交流，从而更好地解决疑难问题。

2. 合作学习理论

ICS教学模式把学生按照"组内异质，组间同质"的原则分成6人学习小组，通过培训小组长、小组文化建设等，打造具有极强凝聚力的小组集体，充分调动学生的积极性，融合个人与集体的力量，使合作学习取得最大效益。合作学习强调学生与学生之间、教师与学生之间互相帮助，通过营造安全而温馨的学习环境，促进学生相互协作、取长补短、共同发展。给学生探索的机会和时间，让学生体会学习的乐趣，学生就会发自内心地"乐学"。

物理学诺贝尔奖得主杨振宁教授说："如果说在过去还有可能一个人完成诺贝尔奖的话，那么，进入20世纪80年代以来，尤其是进入信息社会以来，没有人们的共同参与，相互合作，任何重大发明创造都是不可能的[2]。可见在我国的教育体系中引入合作探究学习方式的重要性。

（三）ICS教学模式的基本结构

ICS教学模式以任务和活动为主线，教学内容呈模块化，情境化。更关注学生的学以及学的过程，通过自主学习（independent learning）、合作

---

[1] 张大均.教育心理学[M].北京：人民教育出版社，2005.
[2] 杜秀英.初中思想政治课进行合作学习的探索[D].福州：福建师范大学，2005.

探究（cooperation inquiry）和分享交流（sharing interchange）三个环节完成课堂内容学习。

二、ICS 教学模式应用效果研究

（一）研究对象

本实验选取初一年级 10 个班作为研究对象，随机确定实验班和对照班。其中 1、3、5、7、9 班共 253 人作为对照班，2、4、6、8、10 班共 255 人作为实验班。每个班的学生都是由学校随机分配的。为了保证实验的准确性，按照单一变量的原则，这 10 个班都由笔者执教，教学进度尽量保持一致。另外，学校在分班的时候，这些班的性别比例、学习习惯、基础情况等都基本一致。

（二）研究过程

笔者从七年级入学开始担任这 10 个班的信息技术教师，10 个班在教材内容深度、教学进度、课时安排一致的情况下，经过半个学期的学习并进行期中测验，成绩相差不大。之后针对相同的教学内容，对 1、3、5、7、9 对照班实施传统的课堂讲授练习教学模式，对 2、4、6、8、10 实验班实施 ICS 教学模式。施教一个半学期（1.5 个学期）后进行期末测验，利用 spss 软件对学生的成绩进行分析。同时使用问卷调查法，调查 10 个班学生对信息技术课程的"课堂形式""课堂氛围""学习兴趣""自学能力"和"合作探究"的满意度。为了进一步了解 ICS 教学模式在实施中存在的问题，还对学校初中信息技术教师进行了一对一、面对面的访谈，作为对本次研究的补充。

（三）研究结果的统计与分析

1. 测试成绩的统计与分析

将七年级 1 到 10 班学生第一学期期中测验的信息技术成绩作为前测成

绩，施教一个半学期（1.5 个学期）后的测验成绩作为后测成绩，利用 spss 软件通过两独立样本的均值差异性检验（Independent Samples T-Test）横向比较实验班与对照班之间学习效果的差异性。

表附 1-1 实验班与对照班前后差异性比较

	班级	人数	及格率	均值	测试成绩相关系数 Sig.（双侧)
前测	对照班级	253	55.01%	74.989 6	0.568
	实验班级	255	54.54%	73.691 5	
后测	对照班级	253	57.09%	76.100 3	0.013
	实验班级	255	83.21%	85.277	

通过上表分析得出，对照班级总人数 253 人，前测均值 74.989 6，及格率为 55.01%，实验班级总人数 255 人，前测均值为 73.691 5，及格率为 54.54%，前测成绩相关系数 Sig.（双侧)为 0.568＞0.05，说明对照班与实验班的前测成绩差异不显著，排除了学生初始水平对实验结果的影响。

经过一个半学期的实验，对照班后测均值为 76.100 3，及格率为 57.09%，实验班后测均值为 85.277，及格率为 83.21%，测试成绩相关系数 Sig.（双侧)为 0.013＜0.05，表明两间之间有相关性，且实验班与对照班的成绩差异性显著，可以看出实验班的成绩明显优于对照班。

实验结果表明：将 ICS 教学模式应用于初中信息技术教学可以有效提高学生成绩。分析其深层原因，ICS 教学模式充分调动学生学习的积极性，让学生独立思考，合作解决问题。学生通过手脑并用的实践活动，体验探究的乐趣，学习科学探究的方法。让学生掌握信息技术学科的基础知识与基本技能，维持对信息技术的持久兴趣，从而有效地帮助学生提高学习成绩。

2. 调查问卷的统计与分析

发放调查问卷 508 份，回收 505 份，其中针对 ICS 教学模式的 254 份，针对传统教学模式的 251 份。调查问卷共涉及课堂形式、课堂氛围、学习兴趣、自学能力和合作探究 5 个方面的问题。调查结果如表附 1-2 所示。

表附 1-2　ICS 教学模式与传统教学模式调查结果对比

	课堂形式		课堂氛围		学习兴趣		自学能力		合作探究	
	ICS	传统	ICS	传统	ICS	传统	ICS	传统	ICS	传统
非常满意	123	12	143	5	96	17	113	43	86	3
满意	85	37	101	28	123	25	101	46	73	6
一般	35	104	7	143	32	73	31	64	53	102
不满意	11	98	3	75	4	136	9	98	42	140
满意率	81.89%	19.29%	96.06%	12.99%	86.22%	16.54%	84.25%	35.04%	62.60%	3.54%

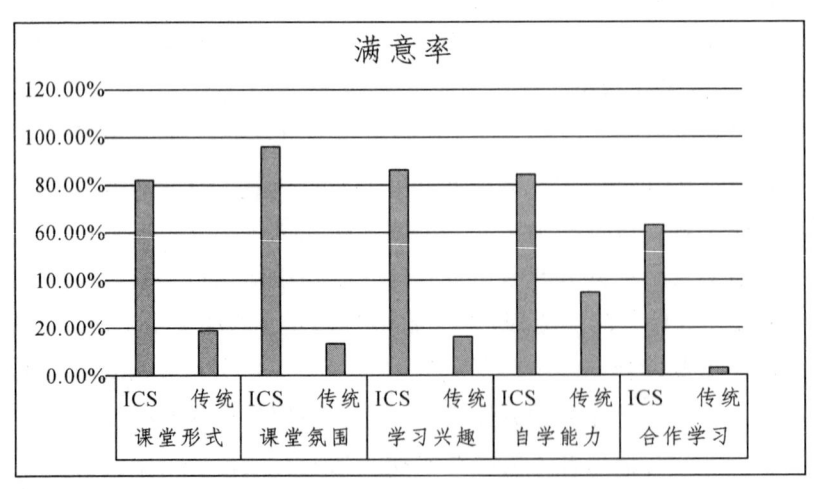

图附 1-1　ICS 教学模式与传统教学模式满意率对比图

从图表中可以看出学生对 ICS 教学模式的满意度非常高。其中对 ICS 教学模式课堂氛围的满意度高达 96.06%，而对传统教学模式课堂氛围的满意度仅为 12.99%；对 ICS 教学模式的合作探究满意度为 62.60%，而对传统教学模式合作探究的满意度仅为 3.54%。从以上图表可以看出，实施 ICS 教学模式的学生对信息技术学科的课堂形式、课堂氛围、学习兴趣、自学能力和合作探究的满意度明显高于实施传统教学模式的学生。

ICS教学模式让学生通过自主学习（independent learning）、合作探究（cooperation inquiry）和分享交流（sharing interchange）完成对学科知识与技能的建构。这种自主的课堂形式与情境化的教学内容形成了合作、和谐的课堂氛围，深受学生喜爱。长期使用ICS教学模式，让学生在解决问题中学会解决问题的方法，养成信息技术的核心素养，使学生的自主学习与合作学习的能力得到充分的锻炼与提高，为其终身学习打下良好基础。

3. 访谈结果分析

笔者与学校初中信息技术教师进行了一对一、面对面的访谈，作为对本次研究的补充。访谈教师 8 人次，每次访谈平均用时 60 分钟。访谈问题主要有两个：ICS 教学模式对教师有什么样的要求？实施 ICS 教学模式需要注意哪些方面的问题？

对教师而言，ICS 教学模式在一定程度上能够减轻教师的负担，同时也对教师提出了更高的要求，要求教师要具备更丰富的专业知识，不仅要熟练掌握课本的内容，更要不断更新信息技术知识，以满足信息技术飞速发展的现状。教师还要具备深厚的教育理论。正是如此，实施 ICS 教学模式后，教师们能够更严格地要求自己，投身教育，努力研究，不断进步，教师的综合素质有了很大的提高。

同时，该模式的应用过程中也表现出一些问题，如课堂讨论展示可能会出现时间浪费等，需要进一步解决。教师普遍认为 ICS 教学模式在实施过程中应注意以下两个问题：

第一，设计合适的情境。根据课程目标设计情境化的教学内容，情境要贴近生活，将学习问题置于一定的情境中，有利于学生学会利用信息技术解决生活中的问题，有效促进新知识的内化，提高教学效率。因此，教师在备课时一定要根据具体的教学内容和学生的实际情况来设计合适的情境。

第二，保证学生的主体地位。在实际教学过程中，要留出充足的时间给学生自主学习、合作探究。在教学过程中，教师要对不同层次的学生进行有针对性的指导，因材施教，使不同的学生都能够达到符合自己实际情况的目标，使每个学生都能享受成功的喜悦。教师要彻底改变传统的教学观念和模式，将课堂还给学生，使学生成为教学的主体和中心。

三、结论

通过研究发现，将 ICS 教学模式应用于初中信息技术教学取得了良好的效果，在课堂上既发挥了教师的主导作用，又充分体现了学生的主体作用，学生凭借教师提供的教学资源自主学习（independent learning）、合作探究（cooperation inquiry）和分享交流（sharing interchange），充分满足了学生个性化学习的需求，发挥了学生的主体作用，克服了传统课堂教学形式单一等诸多弊端。同时，该模式的应用过程中也表现出一些问题，如课堂讨论展示可能会出现时间浪费等，需要进一步解决。

信息技术是一门理论与实践并重的学科，将 ICS 教学模式应用到初中信息技术教学，有利于学生掌握本学科的基础知识和基本技能，维持对信息技术的持久兴趣。通过情境化的教学内容，让学生在解决问题中学会解决问题的方法，养成信息技术的核心素养。更重要的是让学生通过 ICS 教学模式学会学习的方法，为终身学习打下良好基础。

附录二 ICS 教学模式实践与探索

——以《用 WPS 演示制作 MV》为例

摘　要：本文在充分研究 ICS 教学模式的基础上，以《用 WPS 演示制作 MV》一课为例，介绍将 ICS 教学模式应用到初中信息技术课堂的具体做法，旨在为广大一线教师的教学提供有效参考。

关键词：ICS 教学模式；信息科技；信息技术

一、ICS 教学模式界定

ICS 教学理念倡导教师创设情境化的教学环境，引导学生在特定的情境环境中，通过自主学习（independent learning）、合作探究（cooperation inquiry）和分享交流（sharing interchange）三步达成学习目标，同时养成良好的学习习惯和学习能力，并逐步具备终身学习能力，能更好地适应未来社会的发展。

ICS 教学模式将课堂分为三个部分。自主学习（independent learning）是课程实施的首要目标，学生通过自主学习（independent learning）逐步养成良好的自学习惯；合作探究（cooperation inquiry）是以小组为单位，教师作为组织者，利用课堂上各种动态因素，促进学生开展合作探究；分享交流（sharing interchange）是展示学习成果，以集体作为评价出发点，以达到预期目标。这三部分看似相对独立，实则紧密相连，将 ICS 教学模式运用到初中信息技术课堂实践中，是引导学生通过自主、合作、分享的学习方式，掌握自学的方法，锻炼合作的能力，培养分享的精神。

二、ICS 课堂模式应用于课堂教学

实践是检验真理的唯一标准。一种课堂教学模式是否有效，最好的检

验方法就是进行教学实践。《用 WPS 演示制作 MV》以"感受母爱，体验真情"为主线，通过营造氛围、情境导入，自主学习、掌握基础，合作探究、攻克难点，分享交流、巩固提升四步达成教学目标。

（一）营造氛围，情境导入

教师在课间播放用 WPS 演示软件制作母爱 MV，营造氛围。课上，用语言创设情境："妈妈这个词，只是叫一叫，也会触动心弦。这节课，我们将使用 WPS 演示软件制作一段有关母爱的 MV，再次感受母爱，体验真情。"把学生带入到课堂氛围中。顺势让学生思考用 WPS 演示软件制作 MV 首先要做什么。学生基本都能说出"确定主题"。继续追问接着应该做什么，学生回答"准备素材"。教师要提前准备所有素材并上传到教学网站上，学生可根据自己的需要下载。

（二）自主学习，掌握基础

学习应该是学生主动建构知识的过程，而不是教师向学生传递信息、学生被动接收的过程。学生通过自主学习，利用已有的知识经验，对新学内容主动加工，有利于构建认知结构。

用 WPS 演示软件制作 MV 的基础操作有两步。第一步：打开 WPS 演示，导入相片。第二步：设置换片方式和切换效果，这两步都比较简单，教师可以提前准备好图片教程和微课，供学生自主学习使用。在自主学习过程中，教师要给以适当引导，适时指导。

（三）合作探究，攻克难点

《新课程标准》中明确指出，学生是课堂的主体，教师要积极倡导合作探究的学习新方式。合作探究有利于培养学生主动学习、团结合作和乐于分享的精神。ICS 教学模式指出，在重点和难点问题探究中，采用合作探究的方式可以取得很好的效果,同时可以培养学生合作能力与合作精神，激发思维碰撞，从而提高创新能力。

用 WPS 演示软件制作 MV 的第三步是"添加音乐"，比较复杂，是本课的难点,可在提供微课教程的基础上让学生以小组为单位进行合作探究,探究的重点是让"音乐"连续播放。

在信息技术课堂中实施有效的合作探究(cooperation inquiry)模式,已成为基础教育发展的必然趋势,以小组为载体,提供探索性任务供学生进行合作学习,能够充分调动学生学习的积极性,培养其团队协作能力[①]。笔者在经过一段时间的尝试后发现,最好的组合是6人一组,设1名小组长,合作探究时每组只留下2台电脑(其余4台电脑由教师机暂时控制,学生不可使用)。一台电脑用于观看微课教程,另一台电脑用于实践操作。该实践操作方法在实践中取得了较好的效果。

合作探究(cooperation inquiry)能有效激发学生的学习兴趣,调动学生学习的积极主动性,让学生真正成为课堂上的主人。在小组动手操作、讨论和合作中,能挖掘学生的学习潜能,使每个学生都能积极主动地去学习、去探索,让课堂焕发生命力。

(四)分享交流,提升巩固

"学习金字塔"告诉大家,学习的最好方式,就是马上应用或把知识传授给他人,分享交流(sharing interchange)能够让学生把思维与知识分享给别人,从而产生很好的学习效果。分享交流贯穿于自主学习和合作探究的整个过程中,学生互相交流意见,帮助自己与他人更好地建构知识。

在ICS模式指导下,本课还设置了展示与点评环节,发扬共享精神,把创作作品分享给全班同学,对本组创作的作品进行展示、解说、分享,让学生学会欣赏和评价他人作品,获取反馈,实现共同学习。

通过欣赏作品再次"感受母爱,体验真情",笔者顺势提问:"作为中学生,应该怎样报答自己的母亲?"学生通过思考,畅所欲言,有学生说"要好好学习报答母亲",有学生说"要帮母亲做些力所能及的事情",还有学生说"要让妈妈多笑笑,长命百岁"。

---

① 郑良美. 初中信息技术教学中合作学习模式评价指标与方法. 10.3969/j.issn.1671-489X.2017.01.080.

三、ICS 教学模式应用效果分析

ICS 教学模式在教学过程中展现其巨大的优势,实现了育人目标和提升了学生的综合能力,同时也加大教师的工作量和管理难度,具体如下:

(一)实现育人目标

采用 ICS 教学模式,让学生充分参与课堂,调动了学生的学习热情。教学中坚持自主学习、合作探究和分享交流的理念,在达成教学目标的基础上,将终身学习作为最终的培养目标。培养学生发现问题和解决问题的能力,提升学生的信息素养。

(二)提升综合能力

在 ICS 教学模式下,学生不但掌握了知识与技能,还能掌握学习的方法。合作探究过程中要制订详细的进度、计划和分工,有利于培养学生全局统筹能力。以小组为单位,组员之间的分工与合作就显得尤为重要,潜移默化中培养学生的合作能力与合作精神,增强了学生的集体荣誉感。学生未来的发展与个人素质和综合能力有很大关系。因此,教师在教学中要培养学生的自主学习能力、沟通能力、思维能力、分析问题和解决问题等能力,注重学生综合实力的提高[1]。

(三)加大了教师工作量和管理难度

课前需要大量的准备,花费大量的心力和时间,包括制作图片教程、微课和寻找教学资源等。

在 ICS 教学模式的课堂上,看似无序,但每个学生都明确自己要做的事情,并且知道该怎么做,这无形中增加了课堂管理的难度。教师要做到让学生人人有事做、事事有人做、人人有目标、人人有收获。这些都是 ICS 教学模式需要继续探索的问题。

---

[1] 谈兰兰."坚持三以、稳走六步"教学模式在 PLC 课程中的实践与探索[J]. 职业,2019(4).

四、ICS 教学模式的实施原则

（一）学生主体性与教师指导性相统一

学生是学习的主体，但其具有不成熟、可塑性强等特点。其主动性、基础知识、学习方式方法都不完善，教师想要发挥 ICS 教学模式的最大优势，必须给予适当引导、适时指导。自主学习不是说教师不作为，相反，该模式的实施对教师提出了更高的要求，教师需具备很强的辅导和控制能力，要全程参与、整体导控[①]。

（二）教师讲授与自主学习相结合

就初中信息技术课程教学而言，并不是所有的内容都适合自主学习。教师进行必要的讲授，可以使学生更有针对性地开展自主学习。自主学习结束后，学生渴望得到教师的认可，因此，教师对学习成果点评一定要全面而细致，具有针对性，既要评价学习成果，也要对学习过程做出评价，从而真正发挥 ICS 教学模式的价值。

（三）教学模式与评价方式相配套

ICS 教学模式对传统的授课方式做出了巨大改变。因此，评价方式也要做出相应改变，评价至少包含这三方面：一是考勤记录，二是有意义的发言次数，三是作业完成情况。在此基础上，针对具体的课例必须提前做好考评方案。

五、小结

ICS 教学模式非常适合中小学信息技术学科的教学，在实践中取得了很好的效果。ICS 课堂教学模式把自主性、合作性和分享性融合在一起，形成一套完整适合一线教师使用的教学模式，能更好地满足学生个性化的学习需求，使学生成为课堂的主体和主人。

[①] 邹萍. "自主、合作、探究式"教学模式的实践探索——基于广西民族大学相思湖学院教学实践[J]. 法制与经济（中旬），2012（6）.

ICS课堂教学模式不仅让学生掌握该学科的基础知识和基本技能,对信息技术课程产生浓厚的兴趣,还让学生通过该教学模式学会学习的方法,为终身学习打下良好的基础,在解决问题中学会解决问题的方法,提升信息素养。

附录三　ICS 教学模式在信息技术理论课中的实践探究

——以《初识 VR》为例

摘　要：随着教育信息化步伐的不断加快，采用有效的课堂教学模式开展信息技术教学，提升学生的信息素养显得尤为重要。本文针对初中信息技术理论课教学中存在的问题，通过使用 ICS 课堂教学模式进行教学实践，旨在提高初中信息技术理论课的教学效果，提升学生的信息素养。

关键词：ICS；教学模式；信息科技；信息技术；理论课

一、初中信息技术理论课现状

受传统思维影响，在绝大部分人眼里，信息技术课等同于计算机课，认为信息技术课就是进行计算机操作。因此部分教师只重视学生的操作实践，忽视了理论知识的学习。事实上，信息技术课除了计算机操作外，还包括很多理论性很强的内容。实际上，只有在理解、掌握信息技术理论知识的基础上，学生的操作技能才能得以持续发展，才能逐步提高学生的信息素养。

理论课和操作课都很重要，但是有些理论课本身显得枯燥无味，加上有的概念很难理解，对于学生而言，上理论课时的兴趣较差，甚至部分学生出现抵制情绪。在实际教学过程中，学生对实践操作部分很感兴趣，但是对于信息技术课程中的理论知识就感觉如同鸡肋，食之无味。然而，信息技术课程中的理论课对培养学生的信息素养起到很重要的作用[1]。

有数据调查研究发现，96%的学生喜欢信息技术操作课，这说明学生对纯理论性的课程不感兴趣。不感兴趣的主要原因：教师的课堂教学无法激发学生的学习欲望。很多信息技术教师在讲授信息技术理论课往往采用

---

[1] 李娜，袁瑞. 中学信息技术理论课教学方法探索. 10.3969/j.issn.1671-489X. 2016.06.097.

"满堂灌"或通过穿插一些视频给学生观看的传统教学模式,学生整节课都只能被动"听",被动接受,而不能主动参与,导致兴致缺乏。在这种超级传统的教学模式下,学生掌握知识的过程是痛苦的,谈何身心愉悦地提升自身信息素养?

二、ICS 课堂教学模式

ICS 课堂教学模式的主要目的是培养学生良好的学习习惯和学习能力,让学生在课堂上通过自主学习(independent learning)、合作探究(cooperation inquiry)和分享交流(sharing interchange)来达成学习目标。自主学习(independent learning)是新课程的首要目标,通过自主学习(independent learning)培养学生良好的学习习惯,为学生的终身学习奠定良好的基础。合作探究(cooperation inquiry)是以小组作为评价的基本单位,教师作为课堂的组织者、引导者,利用各种动态因素,促使学生进行自主探究。分享交流(sharing interchange)是让学生展示和分享自己的学习成果,欣赏和评价同学的作品,进一步完善自己的作品,达到预期目标。

在初中信息技术理论课中运用 ICS 课堂教学模式,将传统以听为主的学习方式,逐步转换为自主、合作与分享的学习方式。让学生体验探究的乐趣,学习科学探究的方法,锻炼合作探究与分享交流能力,使学生的探究精神和创新能力得到不断发展,提升其信息素养。

三、ICS 课堂模式应用于信息技术理论课

要检验一种课堂教学模式是否有效,最好的办法就是进行教学实践。《初识 VR》是一节信息技术理论课,它是在当今科技迅猛发展的背景下让学生认识 VR(Virtual Reality,虚拟现实)、了解 VR,把 VR 带入学生的生活。

(一)传统模式教学的实践与效果

针对本节课的内容,使用"视频导入—讲解概念及相关内容—观看应

用视频"的传统教学模式进行教学。学生刚开始表现出对新兴技术的兴趣,但随着概念讲解的深入,一些学生开始注意力不集中,甚至有学生开始低头做其他学科作业,到最后播放应用视频也不能引起其注意。这样一节课,学生或许懵懵懂懂知道了 VR 这个词,但远远不能达到这节课的教学目标。

(二) ICS 课堂教学模式实践与效果

这节课采用 ICS 课堂教学模式进行教学则可以让学生"活"起来,让课堂"活"起来。在愉悦的学习环境中更能增强学生的学习兴趣和提高学习能力。使用 ICS 课堂教学模式的教学设计如下。

1. 创设情景剧导入

师:话说,有一天,语文老师布置了一篇作文:请以"海底世界"为主题,展开想象,写一篇 800 字以上的作文。于是有了以下一幕:

(A 同学垂头丧气地从教室外走进来)

B 同学:XXX,你怎么啦?垂头丧气的。

A 同学:唉唉唉……我们老师让我们展开想象,写一篇关于海底世界的作文。你说,凭我这丁点想象能力……唉唉唉!(头更低了)

B 同学:你百度一下就可以啦!

A 同学:百度上的内容老师早就看过啦!

B 同学:嗯,这样啊!我借给你一件"法宝",能带你潜入海底,畅游海底两万里!

A 同学:真的?

B 同学:噔噔噔!(拿出 VR 眼镜)来,你戴上体验看看。

A 同学:哇,我真的好像到海底了耶,好多鱼啊,呀(惊吓的表情),鲨鱼来了(躲避),咦,那些会发光的是什么鱼?哇,哇,还有一个蛙人在潜水。(学生摘下 VR 眼镜)好神奇哦,这是什么法宝?那么厉害,为什么可以让我好像真的在海底里一样?

B 同学：哈哈，它有一个很高大上的名字——VR 眼镜。

A 同学：VR 是什么？

B 同学：额……这个我还真不知道，我们请教老师吧！

VR（Virtual Reality，虚拟现实）是伴随着计算机科学发展而产生的一门能带给人"沉浸感"的新技术，它最大的特点是能够让人"身临其境"。通过直接创设这样的小情境，让学生在愉快的情境中，初步认识 VR "神器"——VR 眼镜，激发学生对本节课学习内容的兴趣和好奇心。

2. 自主学习（independent learning），了解 VR

俗话说："兴趣是最好的老师。"人习得某个知识或某项技能，最有效的方法就是激发其强烈的学习兴趣，让其愿意学，主动学。创设情境激发学生好奇心，带着好奇心的学生就有了强烈的学习欲望，以期通过学习相关知识来满足自己的好奇心。提前给学生准备自学的导学案，导学案图文结合，由学习目标、学习资料、探究案组成，学习资料包括 VR 概念、VR 眼镜、交互设备、应用实例。学生在自主学习后，对本节课的学习知识内容有初步认识，为后续学习奠定基础。单一的"看"并不足以吸引学生。在"看"后，再辅以"看+听"的有趣微视频，学生的自主学习会更为有效。

3. 合作探究（cooperation inquiry），走近 VR

在初中信息技术理论课中有效实施合作探究（cooperation inquiry）模式已成为基础教育发展的必然趋势，以小组为载体，采用探索性任务供学生进行合作探究，能够充分调动学生学习的积极性，培养其团队协作能力[①]。因此根据本节课的学习内容，设计了以下两个递进关系的合作环节。

（1）自制并体验 VR 眼镜

VR 是把客观上存在的或不存在的东西，通过运用计算机技术，在用户眼前生成一个虚拟的环境，借助特殊的输入输出设备，使人感到像真实存在的一种技术。怎样可以让学生从真正意义上理解这样的概念，显然，

---

① 郑良美. 初中信息技术教学中合作学习模式评价指标与方法. 10.3969/j.issn.1671-489X.2017.01.080.

单纯地讲没有任何效果，唯有让学生自己动手实践，自己感知。在合作探究（cooperation inquiry）这一环节，通过给每个小组准备制作简易 VR 眼镜的材料，每个小组的学生互相合作，动手制作 VR 眼镜，然后使用合作成果进行 VR 体验，不仅让学生在不知不觉中突破本节课的重点，更在潜移默化中增强了小组团队合作与交流能力。

（2）探究 VR 在各个领域的应用

在动手实践、亲自制作 VR 眼镜并体验后，学生对 VR 技术已有深入的认识。在此基础上让学生以小组为单位对 VR 技术的应用进行探究，可谓水到渠成。在这个小环节里，因为每个学生都已体验，所以思维开阔，每个人的思维方式不一样，思考的结果也会各种各样，每个组员发表自己的意见时，思维与思维碰撞就擦出了火花。

合作探究（cooperation inquiry）不仅能激发学生学习兴趣，调动学生主动学习的积极性，更能把课堂还给学生，让学生真正成为学习的主人。在小组动手操作、讨论、互相合作中，小组之间的合作、竞争激发了学习热情，挖掘了个体学习潜能，增大了信息量，使得每个学生都积极主动地去探索、去学习，焕发课堂生命力。

（三）分享交流（sharing interchange），展示成果

学生在经过合作探究（cooperation inquiry），对本小组的探究任务已胸有成竹，而体现学习效果最好的方式，就是把知识传授给他人或马上应用，因此在分享交流（sharing interchange）这一环节，由学生对本小组合作学习（cooperation learning）的成果进行展示解说分享。

在分享交流（sharing interchange）中，由组长进行分配任务，组内所有组员都有展示解说任务，这不仅可以检验学生自主学习（independent learning）和合作探究（cooperation inquiry）成果，更重要的是可以帮助学生树立自信，让他们从点滴的进步中认识到"我能行"，感受成功的喜悦。

（四）课堂总结

由学科代表总结本节课的学习、纪律情况，对本节课的优点和待改进的地方进行点评。图附 3-1 为本节课的总体框架。

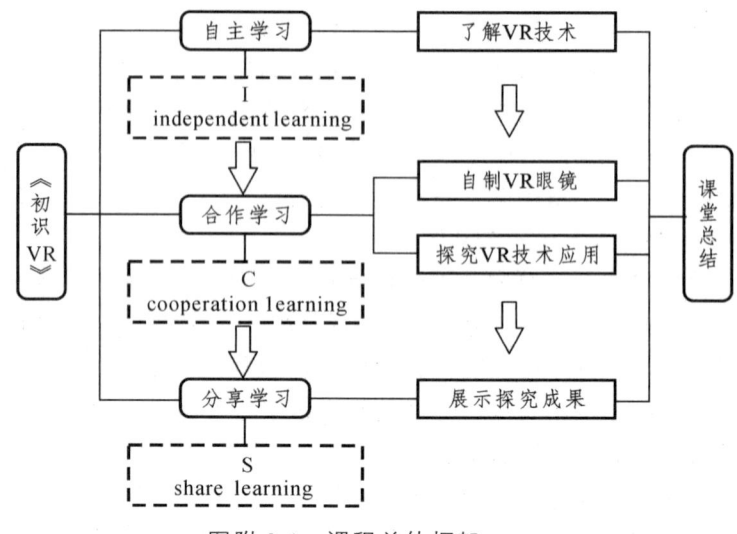

图附 3-1 课程总体框架

四、小结

将 ICS 课堂教学模式应用于初中信息技术理论课与传统教学前后对比，教学效果有显著差别。传统教学中，课堂毫无生机，学生昏昏入睡；ICS 课堂教学模式中，学生作为课堂主人，主动参与、亲身实践、独立思考、合作探究，课堂生机勃勃，学生神采飞扬，教学效果不言而喻。

ICS 课堂教学模式作为把情境性、自主性、合作性和分享性有效地融合在一起，形成一套完整适合一线教师使用的课堂教学模式，能更好地满足学生的个性化学习需求，将课堂还给学生，让学生成为课堂的主人，无疑是传统课堂的一种重要补充与拓展。

初中信息技术课不同于别的课程，它是一门理论与实践并重的课程，而理论课又是学生的短板、教师的突破难点。ICS 课堂教学模式不仅可以让学生很好地掌握信息技术的理论知识，维持对信息技术的持久兴趣，还可以让学生通过该模式学会学习的方法，为终身学习打下良好的基础。更重要的是在这个过程中，学生能在解决问题中学会解决问题的方法，提升自身的信息素养。

参考文献

[1] 王相东. 鸟瞰：中小学信息技术课程的现状与发展[J]. 中小学信息技术教育，2002（1）.

[2] 孙名符，鲁正火. 三论从计算机教育到信息技术教育的转变——谈中小学信息技术课程要体现技术性学科特点[J]. 电化教育研究，2003（11）：2.

[3] 武晶晶. 小学信息技术课程的学科特点分析及教学建议[J]. 教育探索，2002（4）：69-71.

[4] 辛跃武. 浅谈小学信息技术教学生活化[J]. 中国信息技术教育，2011（7）：46-47.

[5] 王理，邰云江. 小学信息技术课程价值定位及内容设置的思考[J]. 中小学信息技术教育，2011（4）：9-10.

[6] 张爱菊，张浩奇. 基于"任务"驱动的数学教学设计[J]. 教学与管理，2012（13）.

[7] 马宁，吴俊杰. 中小学信息技术有效教学模式[M]. 北京：中国人民大学出版社，2014.

[8] 李璇. 合作学习方式下的小学信息技术课堂教学特征分析[J]. 中小学电教，2021（11）.

[9] 米俊魁. 情境教学法理论探讨[J]. 教育研究与实验，1990（3）：5.

[10] 胡庆芳. 优化课堂教学：方法与实践[M]. 北京：中国人民大学出版社，2014.

[11] 郑新平. 高中信息技术任务型分层教学策略的实施[J]. 中国信息技术教育，2014（8）：1.

[12] 祝怀新. 自主学习视野下的日本教师培养改革研究[D]. 杭州：浙江大学，2018.

[13] 左小琴. 基于移动学习的自主学习策略研究[D]. 上海：上海师范大学，2017.

[14] 张大均. 教育心理学[M]. 北京：人民教育出版社，2015：93.

[15] 温彭年，贾国英. 建构主义理论与教学改革——建构主义学习理论综述[J]. 教育理论与实践，2002，22（5）：6.

[16] L S Vygotsky. Thinking, speech. In Rieber R W, The Collected Works of L. S. Vygotsky, Newyork and London: Plenum Press, 1987, Vol.1: 375-383.

[17] 吴庆麟. 教育心理学——献给教师的书[M]. 上海：华东师范大学出版社，2003：195.

[18] 张斯倩. 核心素养视域下引入地方美术资源的创新教育[D]. 上海：华东师范大学，2019.

[19] 高有华，王银芬. 国际高校课程改革发展的趋势[J]. 辽宁教育研究，2008（11）：117-119.

[20] 杨秋. 博物馆教育的时代建构模式[N]. 中国文物报，2017-08-29：（6）.

[21] 刘宣文. 人本主义学习理论述评[J]. 浙江师范大学学报：社会科学版，2002，27（1）：4.

[22] 邵明莉. 人本主义教育理论视角下的高中地理教学设计[D]. 曲阜：曲阜师范大学，2013.

[23] 孙婷. 浅析人本主义教育思想对中学地理教学的影响[D]. 沈阳：辽宁师范大学，2008.

[24] 陈琦，刘儒德. 当代教育心理学[M]. 北京：北京师范大学出版社，2007.

[25] 张建伟，孙燕青. 建构性学习：学习科学的整合性探索[M]. 上海：上海教育出版社，2005.

[26] 王攀峰. 论走向生活世界的教学目的观[J]. 教育研究，2007，28（1）：6.

[27] 林崇德. 中国学生发展核心素养：深入回答"立什么德，树什么人"[J]. 人民教育，2016（19）.

[28] 核心素养研究课题组. 中国学生发展核心素养[J]. 中国教育学刊，2016（10）：1-3.

[29] 张允峥，刘建国. 浅析信息技术学科核心素养的构成[J]. 长春师范大学学报，2017，36（4）：4.

[30] Dennis Coon, John O.Mitterer. 心理学之旅[M]. 5版. 郑钢, 等, 译. 北京：中国轻工业出版社, 2015: 150.

[31] 任友群, 黄荣怀. 普通高中信息技术课程标准解读[M]. 北京：高等教育出版社, 2020: 40.

[32] 李建会. 与善同行——当代科技前沿的伦理问题与价值抉择[M]. 北京：中国社会科学出版社, 2013.

[33] 林才英, 赵杨. 翻转课堂与信息技术课程教学[J]. 中国教育技术装备, 2013（21）80-81.

[34] 任友群, 吴旻瑜. "十三五"贫困县域教育信息化的推进模式研究[J]. 中国电化教育, 2017（1）：16-18.

[35] 杨丽娟, 王庆环. 南京21所公办中小学试点使用电子书包[N]. 光明日报, 2012-10-12（6）.

[36] 星福元. 自主, 合作, 探究, 达标, 总结[J]. 新课程（下）, 2013（001）：86-86, 87.

[37] 余文森. 略谈主体性与自主学习[J]. 教育探索, 2001（12）.

[38] 程晓堂. 论自主学习[J]. 学科教育, 1995（6）.

[39] 庞维国. 自主学习学与教的原理和策略[M]. 上海：华东师范大学出版社, 2003.

[40] Barry J.Zimmerma, Sebastian Bonner Robert Kovach, 等. 自我调节学习[M]. 姚梅林, 徐守森, 等, 译. 北京：中国轻工业出版社, 2002.

[41] 江山野. 论教学过程和教学方式[J]. 教育研究, 1983（9）.

[42] 王坦. 论合作学习的基本理念[J]. 教育研究, 2002（2）.

[43] 余文森. 论自主、合作、探究学习[J]. 教育研究, 2004, 25（011）：27-30, 62.

[44] 蒲蕊. 师生交往在学校教育中的深层意义仁[J]. 教育研究, 2002（2）.

[45] 钟启泉. 课程与教学论[M]. 广州：广东高等教育出版社, 1999.

[46] 张新华. 关于在课堂多媒体网络环境下的情境创设[J]. 电化教育研究, 2001（5）.

[47] 李吉林. 情境教学五原则[J]. 教育观察, 2013, 2（27）：1.

[48] 华国栋. 差异教学论[M]. 北京：教育科学出版社，2001.

[49] 姜智，华国栋."差异教学"实质刍议[J]. 中国教育学刊，2004（4）：54-57.

[50] 乔楚晗. 知识更新与教师能力培养[J]. 山东文学(下半月)，2007(12)：84.

[51] 张万民，王振友. 计算机导论[M]. 北京理工大学出版社，2016：4.

[52] 刘永东，钟儒刚. 由教学主宰者向学习促进者的转变——有感于罗杰斯的《自由学习》[J]. 中国现代教育装备，2011（9）：3.

[53] 雷绍广. 平等中的首席：超越主客体的师生关系[J]. 江苏教育，2018（78）：22-25.

[54] 刘满文. 教育的境界：让知识变为智慧[J]. 甘肃教育，2011（5）：1.

[55] 顾明远. 教育大辞典[M]. 上海：上海教育出版社，1998.

[56] 沈寅鑫. 浅论复合型教师概念的缘起[J]. 中国科教创新导刊，2009（25）：218，220.

[57] 曾素林. 教师角色的转变：从"单一型"走向"综合型"[J]. 新课程研究旬刊，2007（1）.

[58] 莫雷. 教育心理学[M]. 北京：教育科学出版社，2007.

[59] 郭晓莉. 基于核心素养的义务教育学生多元化评价[J]. 现代教育，2017（3）：23-24.

[60] 陈子丹. 小学一年级学生的意志特点及教育[D]. 呼和浩特：内蒙古师范大学，2014.

[61] 董彦雪. 小学二年级心理特征及培养目标[J]. 教育，2016（002）：90.

[62] 赵荣轩. 浅谈小学六年级学生心理特点及其班级管理[J]. 散文百家（新语文活页），2013.

[63] 陈芝秀. 试论初一学生的心理特点与教育[J]. 松辽学刊（社会科学版），1985（4）：83-88.

[64] 丁学芳. 九年级学生心理特点分析及解决对策[J]. 教育教学论坛，2011（23）：1.

[65] 吕国光，张燕. 关于游戏教学的若干研究[J]. 韶关学院学报，2011，

32（3）：130-134.

[66] 刘帅，李建伟，勾学荣. 互动式移动学习系统的设计与开发[J]. 北京邮电大学学报（社会科学版），2014，16（6）：111-116.

[67] 范新民. 角色扮演教学法在《国际商务英语谈判》教学中的应用[J]. 高等职业教育（天津职业大学学报），2011，20（3）：76-79.

[68] 谭广英. 角色扮演法在信息技术教学中的实践[J]. 教育技术，2012（7）：4.

[69] 蒋维. 初中数学课堂中运用分享学习模式的实践研究[D]. 南充：西华师范大学，2017.

[70] 解月光，袁文铮. 在中小学学科课堂教学中如何培养学生的高阶思维[J]. 中国信息技术教育，2017（22）：4-11.

[71] 钱伟长. 钱伟长院士论教学与科研关系[J]. 群言，2003（10）.

[72] 张大均. 教育心理学[M]. 北京：人民教育出版社，2005.

[73] 杜秀英. 初中思想政治课进行合作学习的探索[D]. 福州：福建师范大学，2005.

[74] 谈兰兰. "坚持三以、稳走六步"教学模式在PLC课程中的实践与探索[J]. 职业，2019（4）.

[75] 邹萍. "自主、合作、探究式"教学模式的实践探索——基于广西民族大学相思湖学院教学实践[J]. 法制与经济（中旬），2012（6）.